The Less People Know About Us

愈少人認識我們愈好

一個關於背叛、家庭祕辛與身分盜竊的未解之謎

A Mystery of Betrayal, Family Secrets, and Stolen Identity

Axton Betz-Hamilton

艾克絲頓・貝茲—漢彌爾頓——著
朱崇旻——譯

本書獻給所有身分盜竊受害者。
願你們找到充分的力量與勇氣，
無論花費多少時間，都堅持追究到底。

序幕

學校漫長的一天終於結束了，痛楚在外眼角扎了根，頭痛隨時可能萌發。明明短期內還有好幾個鐘頭的功課等著我去完成，但在步行穿過公寓外的停車場時，我還是滿懷渴望地考慮先睡個午覺再說。此時此刻，我最不想面對的，就是對折後塞在我家信箱裡的牛皮紙信封袋。

我無奈地哀嘆一聲，將它從信箱裡拔出來……信用報告有這麼大一份嗎？應該是附了各種指示吧。我心想。我恨不得把信封丟在家門口，暫且忘了它，不過我還是盤腿坐上家中的綠花紋二手沙發，倚著扶手撕開了信封。

我的人生中，有幾個近似電視機壞掉的瞬間，現實彷彿在我眼前閃爍、躍動，這一刻便是如此。它在我腦中留下了慢動作的記憶：我的手指滑到信封蓋口下，感覺黏膠被我撐開、厚牛皮紙破成鋸齒狀的撕口——我所理解的存在，就在那最後難以抹滅的感官中灰飛煙滅。然後，銳利的紙緣確確實實躺在我手中，我的存在被另一種存在取代了。我有了新的生活、新的身分。

信封裡沒有任何指示，只有和期末報告差不多厚的一疊報告書，滿滿都是以我名義刷的信用卡費用，以及以我的名義借貸的討債文件。探索銀行（Discover）、第一銀行（Bank One）、美國第一銀行（First USA）。陌生的數字與日期寫滿了好幾張紙，宛如某種我看不懂的外語。第一張信用卡是在一九九三年辦的，當時我十一歲；是爸媽身分遭竊的那一年。

我的信用評分是三百八十，在那一瞬間，我還寬心地以為那可能是好事吧，畢竟在學校，滿分是一百分嘛。結果，我看見附在一旁的說明，原來三百八十分在全美國是第二百分位數，幾乎沒有分數比我更低的人了。

我癱軟在沙發扶手上，大腦奮力運轉，試圖理解那些荒謬的數字。他們一定看得出有問題——我那時候還是個小孩子，不可能做這種事啊。淚水刺痛了我的臉頰。對我做出這種事的人，究竟是誰？

第一部

1

即使現在對自己的說法存疑，過去有多年時間，我一直相信艾略特外公（Grandpa Elliot）是傑伊郡（Jay County）第一個裝衛星天線的居民。我還記得小耳朵矗立在他家單層樓牧場風格的石灰岩房屋外，在後院投下巨大的陰影；在夏季，熱氣會懸浮在它凹陷的內面上方，使得更後方的草地折射成綠色蒸氣。很多時候，我下午在屋外幫爸爸餵動物，就會聽見馬達的低鳴，看見小耳朵轉向印第安納州天空的另一隅，想必是外公深深陷坐在棕色的沙發躺椅上，轉到別的頻道了。

小耳朵從芝加哥白襪隊（White Sox）的球賽轉到晚間新聞頻道時，我會用目光追著它緩緩畫出的弧，堅硬的米白色金屬映著生機盎然的鄉村風景，在後院移動，幾乎不像是真實的東西。

外公買衛星天線是為了看球賽——印第安納溜馬籃球隊（Pacers）、印第安納大學山地人籃球隊（Hoosiers），以及芝加哥白襪棒球隊——而我的小確幸是，它也將卡通帶進了外公位於偏鄉的農舍，大幅改善了我放學後、媽媽下班前，我和外公兩人待在家中的時間。理論上應該是他照顧我，但實際上主要是我在照顧他，因為外公患有嚴重的關節炎和其他病痛，只能由我幫忙把各種東西從屋子各個角落送到他手裡：他的藥丸、他的飲料、電視遙控器。他的手指與手腕痛得動彈不得，所以我成了他的專屬啤酒開罐器；每次開啤酒罐，老密爾沃基啤酒（Old Milwaukee）開罐的「噗灑——」聲，以及輕搔我手心的小泡泡，都令我驕傲萬分。

我不介意幫外公做這些，這種時候我會覺得自己是不可或缺的重要存在。比起獲得四健會（4—H）[1]的緞帶，我更喜歡參與外公生活中種種神聖的儀式，一想到他這個高大的男人允許我幫忙，我就感到意氣風發。

心臟病發之前，他糟糕的健康狀況已經維持了數十年，不過外公最嚴重的問題並不是胃潰瘍、循環不佳或關節炎，而是他對自身壽命毫不留情的認知。他極少出門，偶爾外出也是為了帶他那隻綿羊白小貴賓——莎西（Sassy）——去兜兜風，家中壁爐檯上的擺飾物已經累積好幾十年的塵埃。被診斷出憂鬱症後，外公選擇在午餐時間乾一小杯加拿大會所威士忌（Canadian Club whiskey），配著抗憂鬱藥物一股腦吞下肚。

他就是因為身心狀況如此糟糕，當初才有辦法說服我爸媽陪他住在農場上。在我出生前，他們將一間拖車型活動房屋搬到了那片土地上，從蒙夕市（Muncie）遷回波特蘭市（Portland），

1 四健會是美國農業部的農業合作推廣體系分支底下的一個非營利青年組織，創立於一九〇二年。官方的四健會標誌是一片綠色的四葉苜蓿，每片葉子上各有一個白色的「H」，分別代表頭腦（Head）、心胸（Heart）、雙手（Hands）與健康（Health）。

那時爸媽只打算在我外婆——樂拉（Lelah）——和乳癌奮鬥那段期間暫居此處。外公和我爸媽一樣沒想過樂拉真的會死，結果他深受打擊，之後數月都鬱鬱寡歡、不苟言笑，還不停呻吟著說不曉得自己和這座農場以後該如何是好。看到他消沉沮喪的樣子，媽媽過意不去，於是同意在附近多住上一陣子，但她也一再重複，她預計之後會和我爸爸搬往他處，因為她渴望更豐富的社交機會，也希望能多賺一些錢。爸爸有自信能調遷到布魯明頓（Bloomington）的單位，媽媽則經常滿懷期望地提起他們將在布朗郡（Brown）構築的新生活——它是印第安納州一個風光明媚的地區，遊客時常被它綿延的丘陵與綠意盎然的植被吸引，流連忘返。

然而，不知怎的，多年後，爸媽仍待在他們從小居住的小鎮上。爸爸基本上成了業餘農人，而我從小唯一的家就是這座農場，和外公家僅僅相隔一條車道。媽媽在目睹母親被癌症擊敗的十五年後，又將面對父親的消亡。

三月份某個星期六，血液突然不再流往外公的心臟，引發了嚴重的腎衰竭。他被匆匆送往醫院，在醫師的治療下穩定了下來，但醫師也告訴我爸媽，外公死期不遠了。那時，外公似乎憑意志力恢復了狀況，至少狀況好到可以出院，回去死在家裡。儘管爸爸不贊成（我務實的爸爸認為是時候送外公進臨終安養院了），外公還是在媽媽的同意下回到了石灰岩農舍。一天，我放學回家，看見客廳裡的他，只見他痛得無法出聲，背靠著租來的醫用躺椅、盯著天花板，彷彿在努力找尋自己一時想不起來的字詞。面對他那陌生的身形，我十一歲的小小身軀害怕得縮了起來。

接下來數日，爸媽無法待在家時，就指派我照顧外公。在某一個平日，媽媽工作、爸爸在農場上幹活，我被叫去陪伴外公。此時，外公和租來的病床被安頓在後面的臥房，也就是後來會變成我房間的那一間。他身上穿著媽媽幫他套上的紅色運動衣褲，運動服裝癟癟地掛在孱弱的身軀。為了填補房裡的寂寥，我讀書給外公聽。

「我好熱。」他突然開口打斷我的朗讀，伸手拉扯長袖上衣。我緩緩放下書本，往房門與客廳的方向望去，不見援軍的蹤影。

「外公，我知道很熱，可是現在先不要脫掉好不好？」我知道他一脫上衣就會覺得冷，然後動手去抓皺皺地捲在他腳邊的被子。

「該死，我太熱了！」他嚷得更大聲，甚至把上衣下襬拉到下巴的高度，露出蒼白、枯瘦的腹部。

「外公，拜託不要這樣，爸媽說——」我站起身，雙手停滯在他胸口附近的空氣中，卻不知所措。他所剩的精力已經不多了，我還和他比力氣，這樣是不是不太對？我看著他病弱的臉從裡朝外的水手領羅紋之中冒出來。

「艾克絲頓！妳怎麼可以讓他脫衣服？」爸爸忽然出現在我身後。

「我有勸他啊！他說他很熱嘛！」我邊說邊舉雙手以示清白。

「喬治（George），我知道你會熱。」爸爸的語調毫無耐心，他輕輕推開我走上前，撿起汗濕的運動上衣，開始摺衣服。「會餓嗎？醫師說你想吃什麼都沒關係，那你今天想吃什麼？」

「雪酪和老密爾沃基。」外公立即回答。

我默默走向廚房，幫他拿啤酒去。

◆◆◆

兩天後，外公陷入昏迷。媽媽週六不用出門上班，她像皇宮守衛似地頻繁進出小臥房，每十五分鐘準時進去報到。我早先在戶外幫爸爸餵動物，中途進屋，正打算從外公的橙黃色雙門對開冰箱裡拿一罐可樂，忽然聽見小房間傳出媽媽的尖叫聲。

「艾克絲頓！去叫妳爸！外公沒有呼吸了！」

還沒完全消化媽媽的這段話，我的腳就自行動了起來。我用肩膀撞開棕色板門、進入戶外開始褪色的午後斜陽，朝畜舍奔去。爸爸離畜舍不遠，我大聲一喊他就聽見了。

我回到屋內，像擺在架上的洋娃娃似地坐在橘色花紋軟沙發上，背部挺得筆直、雙手擺在膝上。這感覺是無比碩大的時刻。我不必豎起耳朵，就能聽見爸爸安慰媽媽的說話聲，媽媽則發出了我從沒聽她發出過的聲音。

他們雙雙走出小房間，爸爸攬著媽媽的肩膀，慢慢領著她走進客廳。她臉上閃爍著淚光，胸口不時突兀地起伏、震顫。

「他走了。」爸爸一面扶媽媽坐上沙發，一面對我說。

「艾克絲頓，去跟他道別吧。」媽媽抽抽噎噎地說。

我站起身，爸媽卻沒有動，我這才意識到他們要我獨自進房。我走下短短的走廊，一時間喘不過氣。我不想在外公面前哭泣——他向來理性到了極致，總是深信一切都能用理智解決——可是我實在忍不住了。外公的臥房裡，就只有天花板的燈亮著，燈下的他彷彿在熟睡。

我在他床邊站了一段時間，觀察他放在衣櫃上的獎盃：一個迷你版金色小男孩定格在投籃動作，下方則是「波特蘭高中，區冠軍賽，一九二六」幾個字。外公十年級那年是籃球校隊隊員，後來上大學了還有打球，沒想到經濟大蕭條來襲，他就這麼失去了籃球獎學金。

「外公，我一定會用我的人生做很多很多事情。」我突然放聲哭了起來。「我保證一定會去參加六年級籃球隊的選拔。」

我不記得自己當時還說了些什麼，或有什麼試著說卻沒能說出口的話語，只記得自己滿心希望他能醒過來，請我幫他拿遙控器。不久後，殯葬業者來了，外公被裝入厚厚的黑色屍袋，被他們運走了，那畫面就和電影演的一樣。

媽媽哭得傷心欲絕。

◆◆◆

「艾克絲頓，還不穿上洋裝！」

「媽媽，它很醜耶！我才不要穿。」

「艾克絲頓，妳給我穿上去！」

我們已經持續爭論將近一個鐘頭，爸爸早就隨便找了個藉口出去，到畜舍裡沒事找事做了。

「那是葛瑞格（Greg）和凱西（Kathy）花很多錢買的洋裝，我叫妳穿妳就穿。」

「外公才不會叫我穿，他一定會說衣服要穿得舒服。」我大聲呼號，打從心底相信這句話。外公的衣著搭配非常糟糕，對他而言，彩格和條紋混搭根本是家常便飯。他才不管衣服怎麼穿才好看呢，他很清楚那不是穿衣服的重點。

一週前受洗時，我穿的就是那件淺藍色印花洋裝，以及與洋裝白領相配的白色仿皮鞋。那套衣服和鞋子是葛瑞格與凱西——我爸媽的好友，也是我現在的教父、教母——送我的受洗禮物。我很喜歡他們兩位，他們在溫徹斯特（Winchester）開溜冰場，我大部分空閒時間都是在那裡度過的……不過我之前就暗自下定決心，受洗日將是我最後一次穿上那套討厭的服裝。洋裝的淺藍色印花簡直像舊沙發的布套，而且我每次走路，那雙鞋就像狗玩具似地嘎吱作響。

「今天下午，全世界都會到場，」媽媽回道。「妳打扮得那麼邋遢怎麼見人？」外公去世後那幾天，媽媽本就不多的柔軟都消磨殆盡，只剩下哭泣與罵聲。她沒了父親，成了無人管照的孩子，彷彿將她固定在港口的繩索斷了，她只能在汪洋中漂蕩，在漂浮與溺水之間掙扎求活。

最終，我穿著正式的白襯衫與黑色格紋西裝褲參加外公的喪禮，穿著打扮也許不符合媽媽心目中漂亮、體面的定義，但至少我穿的是比較近似自身風格的衣服。終於抵達殯儀館時，我擠入絲襪與滌綸西裝褲的叢林，尋找之前在溜冰場認識的朋友卡莉（Carrie）。我們探索了殯儀館的各個角落，最後躲進化妝室，兩個人坐在有著粉紅色軟墊的椅凳上，在鏡子上方照下來的明亮燈光下，看著鏡中的彼此。我們聊到學校與溜冰場，卡莉一次也沒問起外公的事，沒問到他的遺體，沒問到他是怎麼死在了以後將是我臥房的房間裡。為此，我很感謝她。

忽然間，媽媽笑聲的回音裹住了我們，刺耳的笑聲彷彿彈射在一面面牆壁之間，在群眾平穩的嘈雜交談聲中，她的笑聲再清晰不過。我瞠目看向卡莉，她已經莫名其妙地看著我了；我們默默滑下椅凳、躡手躡腳地走下走廊，去看看究竟是什麼事情這麼好笑。

我的目光聚焦在她身上，只見她和老朋友站在房間另一頭，她像街頭藝人一樣誇張地揮著手臂，臉上帶著不自然的大大笑容。每說一段，她便浮誇地仰頭，又發出一陣詭異的大笑。她身後，外公躺在棺材裡，臉上塗了胭紅、皮膚像是橡膠做的。

「妳覺得我媽是出了什麼問題啊？」我問卡莉。

卡莉由衷不解地聳肩。

媽媽詭異的狀況持續了一整天。追悼儀式結束後，我們回家宴請悼客，直到最後一位客人在深夜離開後，媽媽才恢復正常。她默默脫下跟鞋，癱上沙發，一癱就是六個月。

院子裡，衛星天線開始轉動，在空空蕩蕩的夜空中找尋家庭購物電視網（Home Shopping Network）。

2

我從小在印第安納州傑伊郡長大，該郡位於州份地勢平緩的東部邊界，這裡的牲口遠多於人口，人們以農耕循環與宗教節慶量度時間的流逝。傑伊郡不怎麼富裕，包括我們在內，大多數居民都過著節儉的生活，外公占地一百英畝的農場，絕對是我們家價值最高的資產。傑伊郡位於波特蘭市以南七英里，是個人口約六千的小聚落，有座低矮的法院，鎮中心則設有郵局與圖書館，我們家在特別的日子一起吃飯時，也會去鎮中心買一桶李氏名雞（Lee's Famous Recipe Chicken）。

我們家鮮少一起吃飯；媽媽從不下廚，爸爸太忙了，他們和各自的兄弟姊妹感情也沒特別好。但有時候，外公會遞張二十元鈔票給媽媽，叫她去買一桶炸雞回來。外公不用特別說，媽媽也知道「一桶炸雞」還包括麥當勞薯條，而既然都特地跑了一趟麥當勞，那就順便幫貴賓犬莎西買份漢堡吧，莎西最愛吃麥當勞漢堡了。食物買回來之後，我們會圍著外公的餐桌吃一頓油膩膩的大餐，用印了紅色公雞圖案的老舊黃餐盤裝炸雞。

也有些時候，我和爸爸會在花園裡採蔬果，隨便選幾種成熟的蔬菜帶回活動住房裡的小廚房，我負責洗菜、爸爸負責切菜。接著，我們會將所有蔬菜放進同一個大鍋，加入奶油、胡椒、鹽與蒜頭。在我看來，這種做菜方法挺好玩的，媽媽卻覺得很噁心，她從不加入我們的大鍋菜晚餐。

媽媽就是這樣，她對農場相關的事物都不感興趣，畢竟她從沒想過要回到自己從小住到大的這片土地、回到自己小時候的房間，再次望向窗外那棵白蠟樹。她就是從小在那棵樹下玩耍到大的。某方面而言，她和我一樣是獨生女。媽媽出生時，她同母異父的哥哥們都已經十幾歲了，所以她從小沐浴在父母心無旁騖的關照下，在必要時，她也很享受父母的疏忽。到我出生時，麥克舅舅（Uncle Mike）與賴瑞舅舅（Uncle Larry）都很少回來了，只在聖誕節與復活節回老家露個面；他們印象中就只有艾略特外公這一個父親，但在他們母親去世後，本就鬆散的家庭關係又更加疏遠了。

在當時，我忙著參加四健會活動，沒時間為缺乏表兄弟姊妹發愁，而且我還為了我生平的第一場四健會競賽努力研究牲畜的解剖結構。我幾乎是從一出生就等著加入四健會——鼓勵農業服務學習的全國青少年計畫——即使不是一出生就下定了決心，那至少從我開始參加傑伊郡的園遊會之後，我便以加入四健會為目標。我看著年紀比較大的孩子們養羊、養雞時，內心深處有什麼東西甦醒了。爸爸年輕時曾是美國未來農人組織（FFA）成員，在我滿十歲、終於有資格加入四健會時，他幫我弄到了幾隻矮腳雞（不是在農場長大的孩子可能不知道，矮腳雞就是迷你雞），讓我自己養大，並在我第一次參加的四健會園遊會上展示出來。我花了幾個月餵食、照顧與認識那幾隻雞，這份任務就和我想像中一樣刺激有趣，我在畜舍裡工作得如魚得水。時至今日，我依然喜歡在畜舍裡幹活。

儘管如此，前去園遊會會場的路上，焦慮感仍像沉重的岩石，壓在我腹中。爸爸坐在駕駛座，同情地看了我一眼，試著撫平我的焦慮。

「別想著要贏。」他告訴我。「這是妳第一年參賽，妳只是來練習和學習的。」

我點了點頭，但我緊張不是為了輸贏，光是參加園遊會就讓我心慌得要命。要是評審問我問題，我卻不知該怎麼回答，那怎麼辦？要是我的公雞被什麼東西嚇到，用翅膀拍我，那怎麼辦？要是我在所有人面前絆倒，那不是羞死人了？

我幾乎不抱有任何期待，結果數小時後，評審將少年組展示獎的獎盃放在我的公雞籠上，我驚得腦子一片空白。我困惑地轉向站在後方的爸爸。

「他這是給我的嗎？」我指著自己問。爸爸驕傲地笑著，點點頭。對年幼的我而言，那可是人生中最棒的一天。

唯一美中不足的是，外公並不在場。外公沒力氣在家禽舍站好幾個鐘頭，所以他那天上午躺在躺椅上祝我好運，沒有跟著來園遊會，我等不及趕緊回家，用我養的雞贏得的一個個獎盃與緞帶給他一個驚喜。但在開車回家的路上，我們和外公反方向駛來的貨車擦身而過，他想必是載著莎西去鎮中心兜風了，我必須等他們回家才有辦法對外公炫耀。我失望極了，但爸爸心裡有了計較。

「不然我們先回屋子裡，把妳的緞帶和獎盃都擺在桌上，怎麼樣？」他帶著狡猾的笑容說。

於是，我們偷偷溜進外公家，把他的廚房改造成我的獎盃展示區。一個鐘頭後，外公腋下夾著莎西從通往車庫的門走進來，我已經等在那裡了。他在門口愣然止步，臉上綻放了罕見的笑容。

「喔？把事情前前後後全部說給我聽！」外公故作鎮定地說。

媽媽也為我感到高興，但她不怎麼認同四健會，在幾年前一場關於綿羊與冰塊的爭議過後，她就認定四健會「都是愛作弊的騙子」。小鎮生活就是這樣，是八卦和小恩小怨堆砌而成的，但我可不打算讓這些事情阻礙我做自己擅長的事。我在家是獨生女，在學校又算不上善於交際的孩子，所以我特別喜歡四健會給我的歸屬感。

許多方面來說，我比傑伊郡許多小孩子幸運，他們很多人都是在破舊的房子前等校車。然而，我也感覺自己與眾不同，我們家似乎和他們格格不入——也許是因為我們和同學的家庭不一樣，不會在星期日吃盛大的晚餐；也許是因為我們的家庭破破碎碎的，隨著我年紀漸長，我漸漸發現我的家族史滿滿都是離婚與家暴；也許是因為在媽媽決定讓我受洗之前，我們技術上而言不屬於任何教會；也許是因為媽媽拒絕表現得和其他人的媽媽一樣，她當了一年的班級志工媽媽之後，老師就沒有再邀她回來幫忙了。無論我們無法融入小鎮的原因是什麼，在外公去世後，我感覺情況變得更加嚴重。其他人家有種種家族傳統可以仰賴，他們可以穩定生活，而我們家不一樣，在媽媽罹患憂鬱症之時，我們家本就與眾不同的生活模式已瀕臨崩潰。

◆ 3 ◆

我一直等一切恢復原本的樣子，一直等著炸雞桶晚餐或下午去溜冰場玩。我們慢慢將東西從活動住房搬進外公的房子，這段期間我滿心期望能看到什麼徵兆，滿心期望在未來的某個時間點，全家會恢復原初的樣貌。

然而，每天下午背著背包走進門，我總是會看見她癱在外公萬聖節色的沙發上，在電視機前發呆。我們家電話平常擺在分隔客廳與廚房的黃色富美家塑膠吧檯上，但很多時候我回到家，電話已經移到了媽媽身旁的位子，有時我進門，她就在講電話。我回到牆上釘了四健會得獎緞帶的新房間，把功課鋪散在地上，可以聽到她透過電話禮貌地訂她喜歡的耳環顏色或項鍊長度。

她說那些是「便宜、粗製的首飾」，它們確實相當粗糙，和聖誕樹裝飾品同樣閃亮，卻也同樣中空，至於便不便宜我就不曉得了，她買了那麼一大堆，加起來應該也是不少錢吧。難得出門上教堂或購物時，她會對朋友炫耀自己的戰利品。「看看我新買的戒指。」她會這麼說，然後在別人的注目下短暫地恢復活力。在那些時刻，我總感到訝異：原來買那些閃亮亮的首飾不是為了讓她打扮得漂亮，而是為了讓人關注她。

從來沒有人教我省吃儉用，但我從很小就開始注意金錢問題。爸媽經常公開談論錢該與不該花在哪些地方，他們不想要我聽見時，往往會壓低音量討論經濟方面的壓力——這就是一般中產家庭的日常數學。我們的處境很明顯優於大部分同學的家庭，不過在相對貧窮的傑伊郡，這也不算什麼值得誇耀的事。我只確信，我們並沒有錢買那一堆堆毫無意義的首飾。

一天天午後延伸了好幾個季節，夏天過了、秋天來了，媽媽的購物電話仍一通一通撥出，像在背誦九九乘法表似地流利唸出住址與信用卡號。她開始派我穿過屋外車水馬龍的公路去領包裹，爸爸在雜貨店的班次結束、他回到家之前幾分鐘，媽媽還會召喚我去幫忙把購物包裝清理掉。只有在爸爸即將歸來的時候，她才會離開沙發、去別的地方找事情做，電話也會擺回廚房吧檯上。

「媽媽，我覺得妳還是不要再買首飾了。」一天下午，我鼓起勇氣對她說。

「唉呀，艾克絲頓，那就是一些便宜貨而已，又不會害到誰。」電視螢幕的光線打在她臉上，她心不在焉地回應。

數日後，我又看到一個包裹被硬塞到信箱裡，我將包裹送到坐在沙發上的媽媽手裡時，她興奮得全身緊繃，堅持要我拆開它。包裹裡是兩枚一模一樣的金戒指，兩枚都飾有張嘴大吼的獅子，獅頭鑲嵌小小的假紅寶石，看上去像是珠光寶氣的門環。她說一枚是給我的，她笑吟吟地看著我推著獅子的一雙耳朵，將戒指戴上細瘦的手指。

看到她心情好，我自然也很開心，但是成為媽媽這份新消遣活動的共犯，並沒有帶來幫外公取啤酒那種特殊的榮耀感。

◆ ◆ ◆

當時，媽媽是自己當自己的老闆，幫當地人與企業處理稅務與薪資帳冊。在此之前，她在保險公司上班，上司誇她很能幹、應該自己開業才對；媽媽從以前就很認真看待別人給她的讚美，於是她真的開業了。

媽媽憑藉在保險公司建立的人脈，成功吸引了不多不少的一群客戶。有時她出門向客戶取文件，還會讓我跟著去兜兜風，我最愛跟去的地方是金尼咖啡（Jinny's Cafe）。在

一九八〇年代中期，媽媽在波特－塔卡特保險公司（Porter-Takats）上班。

小小的布萊恩鎮（Bryant）那間加油站餐廳更名為「金尼咖啡」之前，在US 27公路仍是連接佛羅里達州與密西根州的主幹道那個年代，我的外曾祖母曾在那間餐廳工作。而到了我的童年，它依然是間小餐廳，店門口有幾個汽車用的加油泵，店外另一側還有供長程貨車使用的油泵。媽媽叫我在貨車上等她，她進店裡收集時間表與八卦時，我就在車裡想像外婆的媽媽來上班時，這地方是長什麼模樣。在我的想像中，餐廳是老電影般的黑白色調，外曾祖母撫平了圍裙上的摺痕準備上工。

外公去世後，媽媽比較少出門收文件了，她顯然還是以某種方式完成了工作，但她似乎失去了當初創業的精神。儘管如此，我們還是會偶爾外出，我總是非常期待每月一次的購物中心行程，除了可以逛書店之外，還能暫時逃離屋子裡陰暗的客廳。

每月例行的母女約會，一開始其實是因為外公必須接受治療，後來才演變為繁複的外出行程。外公的人生接近尾聲那段時期，媽媽每週三載他去代頓（Dayton）做螯合治療（chelation therapy）[2]——那時外公血液循環很差，必須整個下午待在那邊，讓機器吸走他血液中的重金屬。外公接受治療時，媽媽就會到塞勒姆購物中心（Salem Mall）逛逛，後來為了有個伴，她還讓我週三翹課一同逛街。逛完以後，我們會回門診中心接外公，剛做完治療的外公總是疲憊不

2 約於四、五〇年代開始的一種療法，以服用螯合劑（chelators）來與血液中的重金屬結合，將有毒重金屬藉由尿液排出體外，減少重金屬對心臟的傷害。

堪，身上還飄著蒜味，這是螯合治療無可避免的副作用。

後來日間出遊成了常態，老師開始質疑我請假的理由，我就毫不示弱地叫他們自己問我媽。

儘管失去了遠征隊的一員，同時也失去了去逛街的藉口，媽媽仍未失去開車一小時去購物中心的興趣，我為此鬆了口氣。現在，我們改成每月一個星期六去逛街，行程總是一樣：首先是帶我去逛書店，我通常會找最新的《保母俱樂部》（*The Baby-Sitters Club*）或《甜蜜谷高中》（*Sweet Valley High*）系列書來看；接著，我們會去一趟媽媽的愛店，維度加加（Added Dimensions）。維度加加賣的是大尺碼服裝，不過是媽媽喜歡的款式，套句她說的話，它們並沒有「沃爾瑪樣」。我都坐在店外的長椅上看新買的小說，她則在店裡試穿上衣與更多首飾。逛街行程的最後一站通常是藥局兼便利商店，媽媽會鼓勵我挑選新色指甲油；那時候她還不准我化妝，但她喜歡看我把指甲塗成淡淡的粉紅色。

有時在回家路上，我們會順道去一趟女侍餐廳（Maid-Rite），這是俄亥俄州西部知名的碎肉漢堡連鎖店，小小的餐廳裡，牆上黏滿了別人嚼過的口香糖，我還聽說他們的漢堡肉都用激浪汽水（Mountain Dew）醃過。

這些例行行程與小確幸讓我感覺自己很特別，我喜歡受媽媽關心，也喜歡參與令她開心的活動。但是，我知道她客戶雖多，大多數都是一些小企業，給的都是印第安納州波特蘭市較低廉的費率。在理財方面，我爸媽從以前就一直規規矩矩的、不會恣意揮霍，我實在不曉得這些錢是哪裡冒出來的。

總之，對我而言，和媽媽出遊最棒的部分並不是購物，而是從波特蘭往返代頓的車程。我們行駛在雙線道路上，穿行鄉村平原，吉姆西（GMC）貨車內總是充滿了關於學校與動物的閒聊，我也會說到自己和班上哪些女生關係比較好——和我要好的人向來不多就是了。媽媽會給我一些「內線消息」，告訴我要避開哪些小團體（說是要避開，我其實也沒得選）、哪些同學的家長很討人厭，畢竟那些家長就是她從前讀東傑伊國中（East Jay Junior High）時的同學。她還會對我說起爸爸家的祕密、她自己家的故事。這些故事與諄諄教誨，在我腦中定型為不容質疑的事實，在我心中，媽媽說的話堪比福音。

有一回，艾略特外公去世過後幾個月，她帶我去俄亥俄州代頓市近郊，拜訪外婆的一位老朋友，盧絲（Ruth）。媽媽告訴我，她希望我能和外婆產生或多或少的連結，我沒能親自認識到艾略特外婆的那些面向，她希望我能透過盧絲認識一下。我們在老婆婆家的客廳待了一個下午，聽了好幾個鐘頭的故事，我只能一再提醒自己專心聽。

即使在小時候，我也感覺得到媽媽深深思念她已故的父母，以及他們共同的歷史。州界的另一邊——靠俄亥俄州那邊——有個名為印第安湖（Indian Lake）的熱門度假區，媽媽家從前在湖邊有一間活動住房，她不時會懷念地說起那裡的種種。她對我坦承，她這些年來一直都想說服爸爸在那裡買房子，但爸爸說什麼也不肯，他說我們買不起，而且他很厭惡印第安湖。我就是想不明白，印第安湖是媽媽回憶中充滿魔法的美妙地方，爸爸怎麼會不想住在那邊呢？我在心裡暗想，也許可以省下買首飾的錢，說服爸爸在湖邊買一棟房子。如果我們住在印第安湖，媽媽應該就不會整天癱在沙發上，也會像以前一樣，在過節時邀她的兩個哥哥來聚餐了吧？

實際上，只有在去代頓逛街的時候，我才有辦法讓媽媽的視線離開電視螢幕。週末出遊過後的星期一，我滿懷期待地放學回家，希望她今天感覺好些了——然而打開家門映入眼簾的第一個畫面，就是富美家吧檯上，本該擺放電話機的位置空空蕩蕩。

4

媽媽這個人不太會記得自己作過的夢，甚至連提都很少提到，我們家人聊到作夢，通常都只是把最光怪陸離的幾場夢境當笑話分享而已。然而，在外公去世後將近一年，她開始描述自己一再夢到、揮之不去的一場夢，我和爸爸愈聽愈擔心了。

媽媽告訴我們，在那個夢中，她身在印第安湖——她童年的印第安湖——正焦急地找尋父母。外公外婆需要她，她聽見他們的聲音，但無論夢到幾次，到了夢境的結尾，她總是徒勞無功。

開始作夢的那段時期，媽媽也開始頻繁看婦產科，想辦法治療激素相關的體重問題，以及她漸漸發現自己罹患了的——我從偷聽到的對話東拼西湊出來的——情境性憂鬱症（situational depression）。父親死亡所致的情境性憂鬱症。一次看完醫生回來，她宣布要去印第安湖旅行，說這是醫師給她的醫囑。醫師認為，也許媽媽去了印第安湖，看見了父母已逝、時光流轉過後的印第安湖，就能用新的記憶取代過去的回憶。

我受邀陪媽媽旅行，心中無比雀躍。我知道這會是嚴肅的活動，但我之前聽她說了那麼多神奇的故事，這下終於有機會親身體驗印第安湖的美好了。我們在一個星期六上午出發，我費了好一番功夫才強行壓下了興奮與激動，擺出正經八百的神情，以免媽媽以為我沒認真看待她內心的煎熬。

我們開了約一個半小時的車才抵達湖邊，一路上，我聽媽媽複述之前已聽她講了十幾次的故事：她過去和外婆在湖邊度過的週末、鬧鬼的直排輪場、沙灘遊樂園（Sandy Beach Amusement Park）等等，全都是我聽得津津有味的故事。相較於我的童年，媽媽的童年顯得好特別、好有趣。

我們那天走的路，就是過去多次帶媽媽和她母親從波特蘭前去印第安湖的路線，走了這條路，印第安納州的玉米田便會漸漸消失，被湖畔賣雞尾酒的取而代之。艾略特外婆是俄亥俄州人，她搬到傑伊郡是為了在印第安納州中北部的玻璃工廠工作。在十九世紀末、二十世紀初，印第安納州天然氣帶（Indiana gas belt）可是當時產量最豐的天然氣田，天然氣田大到煤礦工最初發現它時，氣體釋放壓力的隆隆吼聲嚇得他們半死，他們還以為自己不慎打破了地獄的天花板。在豐沛的燃料礦藏推動下，包括波爾公司（Ball）與美國鋼鐵公司（U.S. Steel）在內，許多公司都在此區設廠，我們印第安納州的這一隅掀起了工業革命。小小的敦刻爾克鎮（Dunkirk）曾輝煌一時，一度有一千名居民與二十三間玻璃工廠，被稱為印第安納州的玻璃首都。

我對外婆的人生瞭解不深，我所知的事件有那麼點像肥皂劇劇情：她十六歲結婚，和怎麼看都是酒鬼的第一任丈夫生了兩個小孩——也就是我的麥克舅舅與賴瑞舅舅——據說外婆年輕時也很會喝。才剛結婚沒幾年，樂拉的丈夫就打得她半死，打到她的第三個孩子流產了，身為

媽媽和艾略特外婆，一九六〇年。

虔誠天主教徒的外婆向神父請求離婚的許可，也得到了許可。據媽媽的說法，外婆那段時期像是野放了，仍未滿二十歲的她把兩個兒子丟在孤兒院，自己跑到加利福尼亞州去。不順遂的模特兒事業與第二、第三次失敗的婚姻過後，她回到敦刻爾克，在我艾略特外公的酒吧找到了工作。即使在我小時候，我也能想像外婆對外公的吸引力，她可是外公酒館裡漂亮卻又生性冷硬的女服務生呢。樂拉對外公施了咒，他們結婚時，樂拉二十九歲，那是新郎的第一場婚姻，新娘卻已經結了第四次婚。媽媽告訴我，他們結婚後，艾略特外公要艾略特外婆去韋恩堡把兩個

麥克、賴瑞和我媽媽，一九六〇年代。

兒子接回來，那時舅舅們住在他們的菸舅舅（Uncle Smoke）與葛蕾絲舅媽（Aunt Grace）家。

外公喬治努力賺錢養家，他和外婆結婚後不久，我媽媽也出生了。後來外婆成了外公的生意伙伴，作為祕書協助外公經營他從姊姊與姊夫那兒繼承的酒類銷售公司，兩人勤奮地經營不斷成長的公司，從長輩們那兒聽說，外婆特別享受工作得來的成果。當時有一些關於婚外情的傳聞，外公還坦承在媽媽出生後不久，他曾把外婆拖出另一個男人的家。但儘管先前幾次婚姻都失敗了，外公外婆的婚姻卻堅持了下去，外公給了外婆她一直想要的生活，與自由。

「我有沒有說過外公掉到湖裡的故事？」媽媽一面問，一面調低廣播節目的音量。車外，原野染上了微小的綠意，我的冬季外套掛在腰間。

「沒有——我要聽！」我說。故事我已經聽到會背了。

「那時候啊，大家都在碼頭上喝酒開趴，玩得不亦樂乎。」媽媽說起印第安湖的故事時，故事中的人們總是在開趴，所有人都玩得不亦樂乎。「外公在說故事給大家聽，都沒注意自己站在什麼地方——結果他從碼頭摔了下去，直接跌到湖裡了！」她嗤笑著說。

我和她一起大笑，但其實這個故事讓我聽得有點難過。我想像外公穿著polo衫與及膝襪，想像他落入黑水。

「妳知道那時候妳外婆喊了什麼嗎？」媽媽燦笑著看我。

我搖搖頭。

艾略特外公與外婆。

「她說的是：『救他的錢包！救他的錢包！』」媽媽又轉頭看路，懷念地嘆息一聲。

這則故事符合我對外婆的認知；即使在黑白相片中，她的珠寶首飾也如燭光閃耀，纖長的頸項也總是戴著鑽石項鍊。那些財富的標誌不過是假象罷了，但外公似乎深諳討妻子歡心的方法。為了讓外婆出門放鬆休息與社交，他買了間度假用的活動式住房，讓外婆去印第安湖度假，外婆為此開心得要命。他還請人把那間粉紅色與灰色的小屋拖到外婆選的地點——那條街名叫「歡樂路」（Fun Drive），那一小塊地則叫「夢幻島」（Fantasy Island）。

◆◆◆

你可能不會料到，遼闊的田野中間會有一座度假綠洲般的印第安湖，儘管它今日不復以往，但它在外婆的年代與媽媽的童年可是熱鬧非凡。位處美國內陸的俄亥俄州難得有這麼一座沙灘遊樂園，人們得以乘坐雲霄飛車、玩投幣式遊戲機、搭摩天輪，還有上喧鬧的舞廳玩樂，體驗海邊度假生活。這裡其中一間舞廳據稱是中西部最大、最好的舞廳，經常吸引世界級管弦樂團來表演，而夏季的湖邊總是有遊行、船展與煙火可以欣賞。印第安湖的傳說故事比這些娛樂活動還引人注目，當地居民與遊客都會散布各種傳聞，有人說有芝加哥黑手黨的人馬躲在湖畔小屋裡，孩子們也會興高采烈地告訴朋友，湖水淹沒了一座廢棄礦場。媽媽就是在這片神祕又迷人的樂土長大的。

我們在那個星期六上午抵達的印第安湖，絕不是媽媽描述的印第安湖。車輛開上搖搖晃晃的橋、來到夢幻島，我瞥見一排又一排的活動住房，它們像上學排隊的孩童一樣緊依著彼此，大部分的住房四周都是其他的拖車屋，根本看不見湖景。

「這樣要是發生火災，不會很危險嗎？」還沒意識到不該這樣問，話就先出口了。

「可能吧。以前都沒有人考慮這些的。」媽媽心不在焉地說。她彷彿進入自動駕駛模式，將貨車開到她十二年級那年居住的小屋前，停妥車子。不知她是不是在消化眼前的一切，不知她是否明白了現實：她的父母並不在這裡，他們也不再需要她了。

同為青少年的我，實在無法想像媽媽在只比我大幾歲的時候獨自住在湖邊，幾乎不受任何人監督。我最不敢相信的是，外婆竟然為了防止她和爸爸在一起，將她流放到了這座小島上。

媽媽十二歲、爸爸十四歲那年，爸爸的帕蒂姑姑（Aunt Patty）介紹他們兩人認識。這位帕蒂姑姑曾在返校舞會上被選為皇后，後來當美髮師，所以幾乎全郡的人她都認識，其中自然包括艾略特家。在帕蒂的介紹下，爸媽還不准單獨約會，就已經是一對了。媽媽的父母勉強容忍了爸爸，不過對波特蘭鄉村俱樂部（Portland Country Club）的人介紹他時，他們總稱他為「帕姆（Pam）的農場小伙子」。爸爸一直沒忘記這點。

隨著爸媽年紀增長、關係變得更加親密，外公外婆開始擔心她不考慮工作或繼續念書，就直接一頭栽進婚姻。他們告訴她，如果她堅持在高中畢業後立刻和爸爸結婚，他們就不會幫她出大學學費或買車的錢，但那時固執的媽媽已經墜入愛河，認為自己做好成為人妻的準備了。她父母送她去住印第安湖，讓她和爸爸分隔兩地一年，希望她能改變心意。外公外婆繼續在波特蘭工作，外婆每週末都開車來活動住房這邊檢查媽媽的狀況，通常是星期四過來，待到星期天才走。媽媽讀高中的最後一年，外婆每週末都能到印第安湖度假，她自己也十分喜歡。

「艾克絲頓，這邊真的好棒。」媽媽注視著活動住房，對我說道。窗內掛著薄紗窗簾，這裡現在已經是別人的家了，不曉得現任屋主會不會隔著窗簾看見我們。「不過說真的，這裡最棒的是人，這些人心胸很開放，和波特蘭那邊的人不一樣。」

我在座位上挪動身體，想看得清楚一些。這地方看起來不怎麼好玩，方才經過的老舊雲霄飛車爬滿了常春藤，大街上滿是在陽光下閃耀的碎玻璃。駛進城鎮的路上，我們路過了媽媽以前當服務生的小餐館，它的招牌只剩幾個被遺留下來的字母，大部分的漆也都掉光了。

雖然她多年前是被迫來此，雖然這地方如今成了破敗的老度假村，媽媽依舊毫不退讓地用欣賞的眼光看印第安湖。她在印第安湖高中（Indian Lake High School）度過的那一年比想像中美好得多，她說波特蘭的孩子們太過殘忍，因為她是罪惡的酒商之女而霸凌她、排擠她，而在印第安湖，她找到了一群願意接受她、包容她的朋友。在那個年代，俄亥俄州的合法飲酒年齡還是十八歲[3]，這想必多少幫助媽媽解放了自我。

我們似乎悠悠哉哉地在那裡待了一個鐘頭，盯著附近的事物看了許久，我很想告訴她我餓了，卻生怕這會打斷她腦中種種重大的心靈變化。我們終於離開夢幻島時，開車經過了媽媽記憶中的幾個地標：放學後消磨時光的地點、某某人的家，還有海灘。

「有天晚上，妳外公外婆發現妳爸來這邊等我。」我們行經小艇碼頭時，媽媽輕敲著車窗說。她露出調皮的笑容。「外公氣到打電話報警，還有兩個警察來了呢。」

「那爸爸怎麼辦？」我問道。這倒是新鮮的故事。

「他離開小鎮，在州界線暫停了幾分鐘，然後直接掉頭回來。」她壞笑著說。

「他有被外公發現嗎？」

「喔，後來有。他們還申請了禁制令，不讓他靠近我。」她轉動方向盤，貨車駛入麥當勞的停車場。

「什麼？他們申請了對爸爸的禁制令？對爸爸嗎？」我不敢相信自己的耳朵，也不敢相信自己直到現在才聽到這個故事。我以前就知道外公外婆不喜歡爸爸，但他們不是討厭他這個人吧？他的確家境貧窮，是農家子弟，但我一直以為外公外婆看他不順眼，是因為他年紀輕輕就想娶媽媽。

「對啊，對爸爸喔。」她說得若無其事，彷彿這只是我們家中的小趣事。「後來大家都放下

3 美國於一九八四年規定未滿二十一歲不得購買及公開持有酒精飲料。

那件事了。」

時間接近傍晚，我們用得來速點了漢堡、薯條與可樂，在開回波特蘭的路上吃。

「其實啊，」媽媽打破我們用餐時的沉默，對我說。「我和妳爸回農場照顧外婆的時候，外公把我拉到後院，我們看著外面的農舍和田地，他告訴我說：『帕姆，有一天，這些全都會是妳的。』」

語句像垂釣下來的釣線，似乎輪到我發言了。

「嗯？」我捧著吃到一半的起司漢堡說。

她搖了搖頭。「但是，從沒有人問過我到底要不要那些。」

回家路上，我們沒再多說什麼。下午轉變成沉悶的傍晚，我們行經一座座天然氣熱潮時期繁榮一時的城鎮，現在它們全都像冬季的穀倉一樣，空空如也。我在學校學過，大部分的天然氣都被這些城鎮燒火炬浪費掉了，它們日日夜夜燃著火炬，表示天然氣管開著、產出也沒有中斷，就這麼燒了好幾年。那純粹是象徵性的火光，純粹是在對路人展示城鎮的經濟活力，但那不過是假象與幻影。為了維持力量的假象，地底所有的天然氣很快就被抽乾，短短十年內，此區的財富與人口又萎縮了。

我將額頭抵在冰涼的車窗上，數著趴在田野的牛隻。越過州線時，我屏住了氣——我們離夢幻島愈來愈遠，回歸了波特蘭與現實。

5

那年，黃水仙綻放時，某種類似「正常」的東西，或是新品種的「正常」逐漸成形。媽媽還是買得太多，但至少她多了幾個新客戶，爸爸也全心投入了農場的工作，動物愈養愈多，還種了好幾英畝的牧草。爸爸上午都在雜貨店工作，完成生鮮部門經理該做的事，下午則在農場上幹活，每天工作十四小時卻從不喊累。

那年，媽媽要求在她生日當天到她最愛的印第安納州景點之一，州立白水紀念公園（Whitewater Memorial State Park）一日遊，除此之外，她還想去俄亥俄州邊境的休斯頓森林公園（Hueston Woods），那是我們全家出遊常去的地點。聽到她突如其來的決定，我樂不可支，連忙穿上運動鞋，滿心希望爸媽會讓我去休斯頓森林公園的自然中心逛逛。自然中心養了隻兔子，我還是小小孩的時候認定牠就是復活節兔子，即使年紀大一些了，我還是喜歡去看看牠。

我們家很少長時間旅遊，畢竟還有農場上的工作得顧，不過每次在印第安納州或附近州份一日遊，我都玩得很愉快。開車環湖或行駛在綠意盎然的鄉間道路時，爸媽向來比較親暱，我時常注意到他們在前座握著手。每當後照鏡中的波特蘭逐漸遠去，媽媽總是會活起來。

就在我準備跑出房間時，叫罵聲傳來了，我回床上坐下，靜靜傾聽。今天是媽媽的生日，爸爸怎麼可以這樣？外公去世後，爸媽的互動原則似乎變了，他們本來只是偶爾為錢擔心一下，現在卻時不時為金錢問題爆發衝突。爸爸指控媽媽花太多，媽媽哭號著抗議，她說她需要更多錢，她說爸爸都不知道東西有多貴。我坐在床上，想到珠寶盒裡那隻鑲嵌了紅寶石的獅子，想到自己在媽媽指示下塞到垃圾桶深處的一堆堆包裝紙。我輕輕關上房門。

數小時後，他們達成微妙的休戰協議，我們行駛穿行於白水公園的風景路線。水庫裡可見幾個駕駛汽艇的漁人，儘管樹梢仍沒什麼新芽，蓊鬱的矮樹叢已經漸漸將周遭環境推往夏季。我在車後座也感覺得到爸媽之間的緊張，一家三口冰封在沉寂之中。媽媽的目光鎖在比

爸爸、媽媽和我難得週末出遊，
在克利夫蒂瀑布州立公園（Clifty Falls State Park）合影。

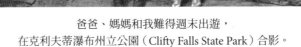

車道旁護欄更遠的位置，爸爸則雙手握著方向盤。抵達休斯頓森林時，我沒有提出造訪自然中心的要求，我們只有在加油時下車，爸媽說出口的寥寥幾句話，都只和開車路線相關。

回到農場時，太陽已經下山了。媽媽在電視機前扎了根，爸爸到後院幹些晚間的農活。我跟著爸爸走進畜舍，他還來不及轉身對我說什麼，我的話語便衝口而出。

「爸爸，她都會看電視買很多首飾，還會到處炫耀。她叫我不要告訴你。」我彷彿壞掉的消防栓，噴出了實話。爸爸雙手撐著畜舍粗糙的牆面，憤怒地吐息。

「而且，她都叫我去信箱拿貨。」我又脫口說出。

爸爸猛然轉頭，咬牙切齒。他從以前就一再強調，我不可以獨自過家門前的幹道，我也明白他說的道理：那是條車水馬龍的公路，有時我們家畜舍裡的貓想跟著我過馬路，我都擔心牠們被車撞到。

「妳自己過了公路。」他這不是問句，而是肯定句。

我心中有一部分想收回話語，卻有更大一部分希望真相大白之後，爸媽可以就此終結金錢相關的爭執。

爸爸將我的話帶去和媽媽對質時，我還在畜舍裡照顧動物。我不知道家中發生的是喧鬧的爭吵，還是低調的投降，只知道事情過後不久，一批批送來的廉價首飾突然中斷了。

◆◆◆

過去某一次去休斯頓森林時，爸爸找到了新的興趣。當時我還是個坐在嬰兒座椅上扭來扭去的小孩子，他和媽媽開車駛進公園，爸爸注意到公園入口附近有塊招牌，一根歪歪斜斜的箭頭上方，是塊寫著「驢子秀」的牌子。他起了興趣。

我們還留有那天下午的照片，每次拿出照片，媽媽就喜歡重述爸爸對那塊招牌的好奇。「那到底是什麼啊？」他說。那天，爸爸弓著背開車，駛過州立公園裡蜿蜒的道路。媽媽回顧當初，拿出爸爸抱著我、我怯怯地伸手摸著一隻健壯的驢子的照片，她記得爸爸說過：「我以後也要養一隻。」

時間拉到十年後的秋季交易會——這是每年一度的市集，農人會買賣舊拖拉機零件、毛茸茸的小雞等各式各樣的東西——我和爸爸在傑伊郡露天市場逛著，看到一隻迷你驢，只見牠乖乖待在小圍場裡，旁邊是面寫著「三百美金」的手寫牌示。那頭驢子跟著我們回了家，牠的名字叫歐蒂（Odie）。

我們家農場大部分地方長得就像現代版諾亞方舟，這裡養了一對駱馬，那裡養了兩隻青銅色火雞，但爸爸對驢子的熱愛一直沒有熄滅。他先是飼養迷你驢，後來還開始養大型驢，某段時期，他的愛好燃燒到了最旺盛的狀態，農場甚至一度養了四十七頭驢子。在過去，人們用驢子駝重物與保護羊群，爸爸的驢子則是展示用，也供人騎著走步道。

媽媽的生日過後幾週，我從後門進屋，看到爸爸靠著廚房流理臺，電話話筒夾在肩膀與耳朵之間，皺著眉，仔細地盯著橘色地毯。我多花了點時間在冰箱裡找東西吃。

「如果你們沒有寄東西過來，我為什麼要付錢給你？」他說。我聽見他的手憤慨地拍在流理臺上，那之後是一陣沉默，別處的某人在說明什麼狀況。我怕爸爸怪我偷聽，或嫌我讓冰箱開著太久，於是自己回後院看書。

那天晚上，我自己熱了些剩菜吃，終於得知謎底。爸爸的《驢與騾》雜誌（*The Brayer*）已經好幾期都沒寄來了。

「帕姆，我已經打給他們了。」爸爸解釋道。「他們說雜誌絕對有寄出去，一定是我們

媽媽和農場上一隻驢子的小孩。

這邊出了問題。」

我用叉子攪弄盤子裡的玉米與南瓜，想到上次在茶几上看到雜誌是什麼時候……好像真的是一陣子以前的事了。比起雜誌，《驢與騾》更像是專題著作，每一本都和傑西潘尼（JCPenney）商品冊一樣又厚又重。有時我無聊沒事做，會試著閱讀雜誌裡的文章（通常是拯救野驢或訓練牠們載人相關的文章），不過大部分時候，我還沒看完一頁，好奇心就會燃燒殆盡。

媽媽啜了口減肥可樂（Diet Rite）。「你乾脆取消訂閱吧。」她說。

連電話繳費單都開始無故失蹤時，媽媽就比較憂心了。

「一定是威利（Willy）搞的鬼。」一天晚間，我們在客廳看電視，媽媽忽然如此宣稱。爸爸穿著農用的衣服，準備去外面餵食動物，我躺在電視機前的地毯上，想盡辦法延後寫功課的時間。

「帕姆，這太離譜了吧。」爸爸驚疑不定地說。

「你想想看，威利的兒子不是在電話公司上班嗎？他一定是去收費部門把我們的帳單偷出來了。」

爸爸站起身，準備去畜舍幹活。我翻身用手肘撐起上半身，想看看他的反應。

「好，那假如是威利幹的，他幹嘛拿我的《驢與騾》和《騾與更多》（*Mules and More*）？這怎麼也說不過去啊。」

「對啊，媽——還有我跟筆友的信呢？哪有人想偷那些信啊？」我插嘴說。我朋友的信一直沒寄來，卻只有我關心這件事。對當時十二歲、身為農家女的我而言，那些信件就是我的社交生活。葛瑞格與凱西售出溜冰場之後，我再也沒和卡莉見面了，她住在不同的學區，我們只能透過書信聯絡。在夏季，我的艾美許[4]朋友凱蒂（Katie）也會寄信給我。

媽媽看了我一眼，但我看得出她不怎麼重視我和筆友的信。

「威利或什麼人一定是趁我們白天出門的時候過來偷信。」媽媽一如往常地將自己的意見說成無可否定的事實。

爸爸嘆了口氣，搖搖頭。「我要去畜舍了。如果妳真相信是威利的問題，我就再去那邊問問。」說完，他消失在陰暗的廚房裡，從後門出去了。

威利住在農場後面一小塊地，但他家離馬路有好一段距離，我從沒近距離和他打過照面。在我看來，他是個形容枯槁、面色不善的人，他太太則整天面帶怒容。

在過去，艾略特外公和威利為了兩英尺的土地爭了多年，威利認定那一丁點地皮是他的，但那其實是外公的地——測量員說的。外公告訴我們，威利曾經在夜深人靜時偷偷挪動圍籬。外公去世的數年前，爸爸終於受夠了，他把步槍放上副駕駛座，高速駛上通往威利家的碎石路，

4 艾美許人（Amish）是基督新教重浸派門諾會中的一個分支，以拒絕汽車、電力等現代設施，過著簡樸的生活而聞名。

激起陣陣沙塵。媽媽在活動住房後側的臥房坐著，電話放在腿上，豎起耳朵注意是否有槍聲傳來，隨時準備打電話叫警長。我當時坐在她身旁，耳中是自己震耳欲聾的心跳聲。

那之後，威利就沒來找我們麻煩了，不過現在一聽，媽媽的說法似乎有幾分道理。我們的黃色金屬信箱整天都沒人顧，威利完全可以把他要的信件抽出來；他偷我們的信件和雜誌也沒什麼用，但他可能只是為土地的事情發脾氣吧。

媽媽並沒有叫爸爸去威利家理論，而是在波特蘭租了個郵政信箱，每天造訪客戶的路上或回家路上順道去取信。儘管如此，雜誌、帳單和卡莉與凱蒂的來信仍會離奇失蹤。

一天晚上，爸爸在切花園採回來的蔬菜時，我在客廳聽媽媽說話，她說應該是郵局裡有人在偷我們的信件。爸爸不信，他問為什麼會有人想偷我們的信。

「有些人會為了偷你的社會安全號碼或帳戶資訊，偷你的信件。」她帶著不知何來的自信表示。她在新聞上看過，蒙夕市的郵局就發生過類似的事件。我沒聽到爸爸提出更多問題，只聽見他的屠刀有節奏地碰在砧板上。數天後，我們的電話不能用了。

◆ ◆ ◆

「要是我自己一個人在家的時候發生什麼事，那怎麼辦？要是失火了怎麼辦？」我和媽媽正在每月一度的購物中心朝聖之旅途中，我努力說明自己暑假一個人待在家中、不能用電話的危險。

「放動物出去、自己逃出去，然後讓屋子繼續燒。」她淡淡地說，視線一次也沒離開前方道路。

我知道媽媽心煩意亂，她說她那週花了好幾個鐘頭跑郵局和警局，求他們正式調查這樁案件。與此同時，她在和我們相隔兩座城鎮的奧爾巴尼（Albany）鎮租了另一個郵政信箱，試圖搶在犯人之前收到信。不知何時，媽媽開始將發生在我們家的事情稱作「身分盜竊」（identity theft）。

在媽媽處理危機的這段時期，爸爸儘量不妨礙到她，而是把心思都放在農場上。仲夏時節，他總是忙著完成各種農務，有時光是為了捆牧草就得向雜貨店請一天的假。他從前買的農具跟不上野心，面對三年種下的四十英畝牧草，那臺一九八五年新買的750型強鹿機（John Deere）根本就負荷不來。

「他們覺得是誰做的？」我謹慎地問。

「寶貝，他們也不曉得。」媽媽一面說，一面回頭望，然後匯流駛上70號州際公路。「應該是某個討厭我們的人吧。」

我手臂上的汗毛都豎了起來。有誰討厭我們？我根本就想不到我們家哪裡得罪了別人啊，我們到底做錯了什麼？我們怎麼會成為犯罪者的目標？

數週後，案情有了新發展，媽媽回家時帶了一箱雜誌與帳單，說是警察在波特蘭某戶人家的後巷找到的。我鬆了口氣，興奮地從廚房桌上那堆信件中挑出筆友寫給我的幾封，正準備回自己房間，就聽見爸爸提高音量說話。

「帕姆，這太誇張了，我明天要去跟他們問個清楚。」

「你沒辦法自己問，因為當初報案的人是我，不是你——他們不能對你透露案情。」媽媽不耐煩地說。

我靜靜關上房門。我心想：爸爸媽媽吵架也無所謂，反正再過不久，事情就會圓滿解決。

現在看著十二歲的自己，我心中盈滿了憐憫。如果她知道接下來事情會變得多麼糟糕，就絕不會那麼想。

6

情況並沒有好轉。我不知道警方是否有認真查案的意思，但就算有，他們似乎也查不出是誰偷了我們的信件，爸媽的爭吵也只有一次次惡化。有時我不禁心想，還好我們家不能打電話了，如此一來，可能引發爭執的帳單又少了一張。然而，隨著八月逼近，我的心思從他們身上漸漸轉移到自己的問題上頭。八年級宛如成群的猛獸迅速逼近，一想到要回到東傑伊國中，我的胃就打了好幾個結……還記得上學期的最後一週，我在下課時間被人推下樓梯。

我根本就是惡霸的理想霸凌對象：我的頭髮剪得很短又沒有層次，我不僅戴眼鏡，還愛看對同齡人而言相當艱澀的書，也沒有能保護我的兄姊。我不擅長體育運動，我爸媽都不和其他家長社交——至少不和傑伊郡其他家長社交——同學們霸凌我也是理所當然。被同學中傷就算了，但他們對我的肢體霸凌將我推到了崩潰的臨界點。有一回，一個名叫傑森（Jason）的同學當著所有人的面，從我身下拉走了椅子。我永遠忘不了那一天，背部摔在冷硬無情的塑膠地磚上，四周迴響著眾人的笑聲。以前有個叫伊莉莎白（Elizabeth）的女孩老愛坐在我大腿上，試圖逼我親她，讓所有人知道她和她那群跟班朋友說得沒錯，我就是同性戀。

問題不只是霸凌——這我都習慣了——問題是，學校的課程無聊透頂、幾乎要壓垮了我的靈魂，那些課程太過簡單，我簡直感覺自己在讀幼稚園、畫毫無意義的塗鴉。到這個年紀，我知道私校比較適合我，但我也夠聰明，知道私校太貴了，我讀不起。爸媽連每個月繳各種雜費都有困難了，我怎麼能提出額外的請求？但是，自保的欲望實在太過強大了。

還記得那是個濕悶的上午，連太陽都還沒出來就熱得要命，卻沒辦法怪在烈日頭上。我聽到媽媽在家庭娛樂室活動，在準備要帶去給客戶的文件，爸爸則在好幾個小時前就出了門。我穿上媽媽愛看我穿的上衣——一件綠色的水手領針織衫（媽媽一直很喜歡所謂「好看的針織衫」），從水龍頭裝了杯水，回頭望去。媽媽正伸手拿包包。

「媽媽，我可以跟妳討論一件事嗎？」

「嗯。」她在包包裡找鑰匙，不曉得語音中的不耐是針對鑰匙還是我。

「我不想回東傑伊。」

這句話捕捉了她的注意力。「艾克絲頓，這件事我們不是談過了嗎？」

「我討厭那裡，同學都好凶，而且很壞，簡直像怪物一樣。媽媽，學校上的課太簡單了，功課也簡單到我可以邊睡邊寫。」

我知道自己是在對牛彈琴。媽媽同情地看著我，前門灑入的光線穿透她那頭深色短髮——那年，灰髮開始在顯眼處露面，於是她開始染髮。儘管一直在減肥，她最近還是胖了些。

「媽媽，他們都說我是男生，」我放下水杯，用兩手食指指著自己的頭。「因為我短頭髮。他們說我是**男人婆**，還說我是蕾絲邊。」

「艾克絲頓，妳的頭髮很美，而且這個髮型讓妳看起來很聰明啊。他們只是在嫉妒妳而已。」即使是我自己也明白，我的頭髮並不美，同學們說得沒錯，我的頭髮看上去像是髒兮兮的麥克筆筆尖。我曾苦苦哀求媽媽讓我留長髮，但被她拒絕了，她每六個星期都會拖著我去她朋友凱西的女兒開的美髮廳，然後像拳擊教練似地站在一旁，不斷鼓勵她剪短一點。據說在我很小的時候，每當媽媽幫我梳頭，我都會哭得驚天動地，她不得不幫我剪短髮。現在我年紀比較大了，這條規定卻沒有變更。

「媽媽，妳以前不是也很討厭那間學校嗎？」我說。她找到鑰匙了，鑰匙被她緊緊握在手心。「妳每次都是這麼說的。」

「我去跟妳爸談談。」她嘆了口氣。

「他一定會說太貴了，不可以轉學！」

媽媽注視著我，默默表示同感。

「寶貝，我該出門了，這件事晚點再說。」

屋子外門還沒關上，我就回到了房間，《甜蜜谷高中》（*Sweet Valley High*）像蝴蝶似地攤開在枕頭上，我癱倒在書本旁邊。電話不能用，家附近又沒有朋友，我只能迷失在它薄薄的書頁之間，消磨一個個漫長的夏日。

◆◆◆

但後來，奇蹟發生了——其實這算是一系列的奇蹟。媽媽巧遇了波特蘭一位舊識，丹尼斯（Dennis），他女兒剛好就讀蒙夕市的海瑞特基督教學校（Heritage Hall）。媽媽提到我對東傑伊國中的不滿，丹尼斯鼓勵她考慮送我去他女兒的學校就學，還說我可以每天搭他太太（她在學校上班）和小孩的便車上學。媽媽找爸爸討論時，他果然不樂意，畢竟海瑞特的學費不便宜，一個月就四百美元，我還得參加各種宗教活動與相關課程。但媽媽對他軟語相求，應該是重述了自己悲慘的國中經驗，她也提醒爸爸，投資獨生女的教育非常值得。爸爸一直沒正式答應，不過數週後，我和媽媽為入學海瑞特學校的事慶祝了一番。

我必須適應新學校，但事情並沒有我想的那麼簡單。我必須凌晨四點鐘起床，讓媽媽載我去雪波德（Shepherd）家，再請他們送我到蒙夕市。到了雪波德家，我們會睡眼惺忪地和他們家人打招呼，我把自己的東西移到他們的藍色轎車上，長達一小時的車程開始時，天邊甚至還不見太陽的蹤影。雪波德太太是海瑞特學校的幼稚園老師，她女兒史嘉蕾（Scarlett）是學校的六年級生，兒子大衛（David）則就讀十一年級。八年級的我和兩個小孩沒什麼共同點，只在他們開玩笑時微笑，或在他們談論家事時盯著自己大腿。

轉學後，我跟不上同學的進度。先前讀公立學校的我，不適應海瑞特學校困難的課業，只能靠補習努力追進度。對我來說，補習就和學校逼我穿的長裙同樣陌生。每天下午，雪波德太太會送我到波特蘭辦公空間（Portland Office Supply）後門，媽媽在那裡租了單間辦公室做她的稅務工作，我進了她的辦公室就會開始寫好幾個小時的功課。我的黑眼圈愈來愈深，但可以遠離東傑伊國中的惡霸與無聊，我就別無所求了。

一年級聖誕節話劇表演前，我和媽媽——
還有我們一模一樣的髮型。

新學校的學生不多，所有人都對我這個新同學深感興趣，想知道我以前的學校是什麼樣子、我們農場上養了什麼動物，還有我是在何時接納救世主耶穌基督的。最後一題令我頗為困擾，我以前進行過天主教的受洗禮，所以技術上而言我已經得到了救贖——應該是吧？——但在教義問答課堂上，我們不是這麼說的。我們主要會學些關於聖人的事情、教會的歷史，以及我們必須遵守的主要守則。在我就讀海瑞特學校之前，爸媽和校長面談過，他是個不苟言笑的男人，名叫艾斯老師（Mr. Ice），他說過宗教差異不會影響學業。但是，媽媽的朋友丹尼斯幫我做擔保，幫助我註冊入學時，曾經提起我「非正規」的救贖，我還未入學，這顆種子便在諸位老師心中生根，包括雪波德太太在內，所有老師都對我的宗教信仰萌生了憂慮。早上，雪波德太太送我上學時的氣氛變得愈來愈不自在，車內的基督教廣播電臺愈來愈大聲，雪波德家也愈來愈常在對話中提及耶穌基督。雪波德太太向媽媽提起我是否得到了救贖時，媽媽還以為她對雪波德太太表明我們家是天主教徒，是在幫助我。

在東傑伊國中，我因為髮型和學業優異而受同學排擠，現在到了海瑞特學校，我不怎麼虔誠的天主教信仰也快讓我成為邊緣人了。因此，那年秋天，班上一個名叫妮基（Nikki）的女孩子開始找我去她家玩時，我心裡樂不可支。妮基的媽媽也在學校工作（有時放眼望去，班上似乎只有我一個人的父母不在學校上班），她爸爸則是機師。我第一次去她家，看到後院的螺旋槳飛機、穀倉裡的彈球機，還真不曉得哪一個更令我驚嘆。聚了幾次以後，妮基邀我和她一起去「見證」，我當然很樂意把握和她相處的機會。見證是什麼我不知道，但那應該不怎麼重要吧？

第九節下課後，妮基帶我坐上學校的一輛貨車，車上已經坐了約十個學生，每個人都把書包夾在兩腿之間，開心地談笑。我們坐上前排的兩個位子，妮基帶上車門，車內的空氣飄著濃濃的氟利昂與橡膠踏墊氣味。我闔上雙眼，感覺到妮基的肩膀靠著我的肩，這是我第一次覺得自己是一個快樂大團體的一員，我心中盈滿了對媽媽的感激。

貨車隆隆駛過蒙夕市破敗的勞動階級社區，在一處死胡同停了下來，原本坐副駕駛座的大人——好像是某個人的媽媽——滑開車門。所有人魚貫下車，先是妮基，然後是我，接著有九雙還是十雙腳踩上了柏油路。

「要我幫妳拿一張嗎？」妮基點頭示意大人手裡的一小疊紙張。

「呃，不用了，沒關係。」我們不是來唱聖誕節聖歌的吧？現在還是季夏呢。

孩子們像燕群似地整齊行動，大人則待在車邊。我們走向第一棟房子，那是棟羊毛色的牧場房屋，板門看上去相當破舊。我放慢了腳步，在離門前臺階幾碼處停了下來，同學們和我擦身而過，積極地踏上前。我看著一名在學校食堂見過的男孩子伸出手指按門鈴，視界邊緣突然模糊了，一切忽然顯得非常不對勁。從小，我就聽大人說過不可以和陌生人說話，而自從家中的信件離奇消失開始，爸媽就叮囑我別和任何人說話。

「太太您好，我們是海瑞特基督教學校的學生，想來和您分享我們救世主耶穌基督的愛。」

原來「見證」就是這麼回事啊。

同學們對一戶戶人家宣傳他們和基督密切的關係，以及這份關係的種種好處時，我乖乖幫他們殿後。有時，我會和開門的人對上眼，有時他們穿著浴袍，有時甚至穿得更少。有時候，我感覺他們的視線穿透了我，彷彿看得出我和前面幾個天使般的孩子不一樣。到了每戶人家，我都會注意他們的信箱，有些人的信箱夾著準備寄出的帳單，有的則塞滿了傳單。我們就這麼行軍到了黃昏，一路上我緊咬著牙關，咬到下顎發疼。

回到貨車上之後，妮基坐上後排最後一個空位，我只能尷尬地和另外兩個女生坐前排。我看到她們兩個戴著同款的友情手鍊，心頭敲響了沉悶的絕望。

那晚，我為了寫功課而犧牲睡眠，只覺得自己充滿了挫折感、身心都疲憊不堪，不只心痛，雙眼也在灼燒。我告訴自己，這也不全是壞事。無論我是否擅長見證，重點是，我得到了更好的東西：他人的邀請。

◆◆◆

海瑞特學校的八年級生——共十六名學生——每年春季都會去華府旅遊一趟，為了募款辦校外教學，家長會輪流烤餅乾，在星期五賣給排隊買午餐的學生。賣餅乾賺來的一堆堆二十五美分硬幣會用來包車，也是在華府市郊訂廉價旅館的費用。

媽媽不擅長烤餅乾，更確切而言，她嫌棄任何必須開瓦斯爐才能完成的活動。所以，聽我說到華府校外教學與募款的事時，她相當不高興。

「我寧可直接給妳錢。可以直接給錢嗎？」

「媽媽，其他人的家長都會烤餅乾，我們不能跟他們一樣烤餅乾嗎？」我必須在星期五帶餅乾去學校，而我是在那之前的週末對媽媽提及此事。要不是爸爸因收割時節的農活在後院疲於奔命，我也不會來問媽媽。

「好嘛。」她簡慢地回答，彷彿她才是那個心不甘情不願的青少年。

接下來的週四晚間，媽媽把她老舊的食物攪切機搬了出來，只見它一度潔白的外殼因歲月與長年未經使用而泛黃。她說，用食物攪切機做餅乾比較快，也比較簡單。三十分鐘後，媽媽從烤箱裡取出泥巴一般悲慘的一塊塊方形，我忍不住皺眉，只覺得它們長得有點像全麥餅乾，但是比市面上賣的小一些，形狀也不規則。不會吧，為什麼連最尋常的東西到了媽媽手裡，都能變得如此丟人？我沒說什麼，只是默默把餅乾裝入夾鏈袋（媽媽堅持每一袋只能裝兩片），隔天早上帶著餅乾去上學。開往蒙夕市那漫長的路途上，我緊抓著裝在捲起的購物袋裡的餅乾，一路上，雪波德太太與兄妹倆的對話仍離不開我的救贖，基督教廣播電臺的音量震耳欲聾。

到了學校，我在聖經課開始前將餅乾放上麥基老師（Mr. McKee）的辦公桌，然後照常在教室後面的座位坐下，垂下疲倦的頭，開始小聲唸誦上週末背好的經文。

我聽見濕鞋子踩在地面的聲響，同學們在我附近坐定位，聽到麥基老師那雙皮鞋熟悉的尖響，我直起了上半身。麥基老師是個身材高瘦、棕髮修得一絲不苟的男人，我看著他走向辦公桌，視線鎖定我那包可笑的餅乾。我忽然強烈意識到自己的心跳。

「這是誰帶的？」他笑嘻嘻地高舉著餅乾，讓所有人看個清楚。媽媽的餅乾像一袋高爾夫球，被他拎在空中。竊笑聲響起，我全身一縮。

「它們太小了，」老師接著說。「這不能賣到一片五毛錢啊。這是誰帶的？這些不能在午餐時間賣。」十五顆頭朝我的座位轉來。

「是我。」我的聲音細若蚊鳴。

麥基老師的皮鞋一路尖響著過來，我臉頰發燙。

「艾克絲頓，跟妳媽媽說這些太小了。」他將袋子放到我桌上，十幾聲丟人現眼的碰撞聲傳出。「那，妳現在準備唸經了沒？」

下課後，餅乾被我全數丟進女廁垃圾桶。

我還有另外一個危機得處理，沒空浪費時間做餅乾了——餅乾還只是目前為止的第一道障礙呢。我整天為接下來這件事擔憂：我們家沒有電話，該怎麼打給募款通訊錄上的下一個同學家？學期初，學校發了一張通訊錄給我們，上頭印了十六個同學家的電話號碼，我們家是登記媽媽的辦公室號碼……但我們總不能開去媽媽辦公室打電話給同學吧？要是這麼做，別人可能會發現我們不是用家裡的電話，可能會發現我們家根本就沒有電話，然後他們就會和我之前在東傑伊國中的同學一樣，開始嘲笑我。我對媽媽提起通訊錄的問題時，她似乎和我同樣擔心外界對我們家的看法，甚至連對策都已經想好了。那晚，我們開車到波特蘭76加油站北方的公路商業區，行動連結（Cellular Connection）店面明亮如信號燈，店面的光明舒緩了我破碎的神經。一整天下來，這是我首次覺得事情有機會順利解決。櫃檯那位女性員工熱心地幫我們服務，不久後，我們就買到了我們需要的東西——一支諾基亞（Nokia）掀蓋式手機，打開來就是壓下去觸感綿軟的大按鍵。我們還挑了張三十美元的電話卡，應該夠用一個月了。

回到家，媽媽從瓷器櫃前的流理臺，將一張凳子挪到房間另一頭。瓷器櫃裡裝滿了外婆以前的餐盤，是飾有松果圖案、只在過節才拿出來用的那一組。媽媽將又大又重的充電器插上插座，引著充電線插入手機，然後小心將手機放在凳子上。把預付的三十美元通話時間從電話卡加到手機上以後，她後退幾步，彷彿在欣賞藝術作品。我們相視一笑。

「打電話吧。」她說。「儘量一分鐘講完。」

「我會的。」

離開廚房前，她在門口停下腳步。

「我的餅乾是不是賣得很好啊？」她故作得意地燦笑著問。

「媽媽，那個——」我緊盯著手裡的手機。「——妳可以再烤別種餅乾嗎？麥基老師說這次的餅乾太小了。」我感覺到媽媽的笑容轉變成怒容。

「我該做的都做了。」她邊說邊走出廚房，邁向沙發上那個嚴重磨損的位子。

7

我不時會請媽媽幫忙處理學校相關的問題，她有時也會提供我所需的幫助。那年稍早，我在客廳裡苦苦哀求她，希望她保我不要參加為期四天的露營活動——那四天，我得和幾乎不認識的同學去我從沒去過的露營場，參加我不信仰的宗教的禮拜。我其實不得拒絕，這是海瑞特學校所有國高中生都必須參與的活動。這東西簡直像是什麼人刻意設計來整我的，活動的每一個元素都令我不自在。

「艾克絲頓，妳要入境隨俗。」就這樣。媽媽給我的就只有這一句。我不敢太大力抗議，畢竟爸媽幾乎天天為錢爭吵，我的學費就是他們吵架的一大主題。我若是抱怨得太多，就是在支持爸爸的論點，而且當初是媽媽助我逃離東傑伊國中，我覺得自己還對她有所虧欠。還是忍忍吧。

出發前去露營的那天，是八月底的某一日，印第安納州濕悶的暑意蒸騰著。粉藍色教會校車搖搖晃晃地駛出停車場時，我感覺到微微的緊張竄上背脊。印第安納州的夏末就是濕悶炎熱，車上每一扇窗都往下推到底了，熱風的漩渦在車內成形，從奇怪的角度幫我的頭髮分線，也不時將我的鬈髮撩到空中。妮基坐在我身旁靠窗的位子，外面是一片片模糊地掠過的玉米田，我因為車內太吵而無法和她聊天，只能盯著前方。

克羅斯利露營場（Camp Crosley）是北韋伯斯特鎮的基督教青年會營區，位於印第安納州遍地是小湖的北部，營區本身沒什麼亮點，就只是一片不深的樹林、一間食堂和幾棟小木屋。抵達營區時，我隨著八年級其他女生前往我們的木屋，走路時一包包行李與行李箱隨步伐碰撞我們的腿。木屋內部似乎吞噬了前門透進去的所有光線，從牆壁凸出的一張張上下鋪阻礙了餘下的移動空間，簡直像迷宮。我走向一張無人的床，妮基帶著大手提袋占領旁邊那張床時，我大大鬆了口氣。我們匆匆到公用浴室上廁所，用帶有硫磺味的水馴服被風吹亂的頭髮；浴室是幢低矮的建築，通風扇嗡嗡作響，擠窄的內部飄著刺激性的氣味，每個角落都可見蜘蛛用絲編織成的家。

幸好，露營的日子相當繁忙。早餐時間，自助餐桌上堆滿了麥片盒——我從沒一次見過這麼多開了封的麥片盒——兩張自助餐桌中間夾著長長的幾張野餐桌。我們全都爭先恐後地去拿塑膠碗，繞著自助餐桌走動，直到找到撒了糖粉的那種麥片。我已經好一陣子沒得選，家裡的櫥櫃愈來愈少食物了。上午的禮拜為時一小時，接著是我難得喜歡的戶外活動，在參加水上活動與划船時，我們得以換下長裙。每天最糟糕的部分就是下午的禮拜，我們花兩個小時聽人描述地獄裡的種種磨難，聽得汗流浹背，我雙手手掌都黏在了長椅上。

星期三早晨，我提早醒過來，看著日出的陽光照在木屋牆上，為自己熬過了前兩天而沾沾自喜。**明天，我心想，我就可以回家了。**我輕鬆度過了早餐、禮拜與划船活動，幾個女生想讓我翻船、跟我開玩笑，我只能大喊著叫她們住手。這次出遊的十三歲小孩當中，就只有我一個人不會游泳。午餐又是過鹹的露營食物，飯後我們排隊做禮拜。

我一如往常地坐在禮拜堂後面，看著其他國高中生魚貫入內，幾個女生的頭髮還濕答答的，所有人的臉都被曬紅了。我們上方是深色木梁，以及一扇扇小小的天窗，透進令人心癢難搔的午後陽光。講臺上擺有椅子與講桌，但牧師喜歡在前排附近站著演講，令人壓力大得喘不過氣，強調某個論點時，他還會在走道上來回走動。牧師很愛大吼大叫，我不怎麼喜歡聽他布道；每當他描述地獄的恐怖場景，那張圓臉與那顆禿頭都會冒出一塊塊紅暈。

演講開始十五分鐘，我的心思便飄入白日夢了，在我的幻想中，時間已經到了隔天，我已經回到家，和心愛的貓咪肥滋（Chunx）一起窩在陽光明媚的臥房裡。我坐在房間的紅地毯上，肥滋在我的四肢之間鑽來鑽去，欣喜地歡迎我回家。

「但如果妳沒獲得救贖！妳將永世受到地獄的折磨。」牧師肥短的食指宛如步槍，直指著我，數十張曬黑的臉轉向我。我嚥下一口氣，血液在指尖鼓動。

那一瞬間突如其來地結束了，我再次看著牧師背後的白袍，同學們的頭再次轉回去面對禮拜堂前面。我感覺到妮基朝我看來，但我緊盯著講臺。

一分鐘過去了。兩分鐘。

我又開始呼吸了。三分鐘。四分鐘。

但現在，我全身顫抖，嘔意在喉頭形成浪峰。

五分鐘。六分鐘。

我非走不可。

「我身體不舒服，真的很想出去。」我悄聲告訴妮基。她立刻起身走向艾斯太太——校長的太太，同時也是八年級女生的監護人——但我沒法再等下去了。我用不停打顫的雙腿撐起身體，跌跌撞撞地走向禮拜堂後門，身體墜入午後的室外。我抓著外面的木欄杆穩住身體，艾斯太太像幽魂似地，悄然出現在我身旁。

「艾克絲頓，等一下。」她搭著我的背。「我們來禱告吧，妳馬上就會舒服一些了。」腳下的地面如壞掉的錄影帶，變得愈來愈模糊，於是我闔上雙眼，讓艾斯太太請上帝進入我的身體、減緩我的不適。她的祈禱（實際上應該很簡短，感覺卻如史詩冗長）不過是徒勞。說不定，我心想，說不定我快死了。

「拜託讓我回家。」我盯著地面說。

「艾克絲頓，別這樣，妳很快就會感覺好一些了。妳只是需要稍微休息一下，我們去老師的小木屋吧，妳可以先坐一坐。」

我連雙腿能不能撐到教師的木屋都不曉得。

「拜託幫我打給我媽媽。我們有電話，拜託打給她——我一定要回家。」

「我們去坐著休息一下，妳等等就好了。」艾斯太太說。我咬緊牙關，跟著她蹣跚地穿過草坪。

教師用木屋相當舒適，裡頭有沙發與冰箱，而且明亮又開放。我費了好一番功夫才有辦法呼吸，但抬頭找位子坐時，我看到我的英文老師——布朗老師（Mrs. Brown）——一小股希望輕撞了胸口那堵牆。布朗老師絕對是海瑞特學校最酷的老師了，她甚至會為了萬聖節這個「異教」節日裝飾教室；我相信我如果奄奄一息，其他人都會圍著我禱告，只有布朗老師會叫救護車。此時此刻，她和善的臉將我招呼到了小屋另一頭的沙發上。

「艾克絲頓，發生什麼事了？」她柔聲問。

「我無法呼吸，好像快吐了。我想回家。」

「要不要先喝口水，試著慢慢呼吸看看。」

我點點頭，心裡卻在大發脾氣。我全身上下每一顆細胞都在暴動，卻沒有人在乎。

好幾個小時過去了，老師們如繞著我公轉的星球，輪流陪我坐著休息。他們問我有沒有什麼需要幫忙的，我就一直重複同一句話：「拜託讓我回家。」

「你家離這裡有三個小時車程，現在時間不早了。」到了晚間，艾斯太太這麼說。如此說來，她是不是把我的訴求聽進去了？

「我們家住在波特蘭，所以離這裡只有兩個小時。我媽媽會來接我，請打電話給她。」我想到松果餐盤旁那張凳子，以及棲在凳子上的諾基亞手機。「拜託了。」

教師組成的小隊伍陪同我前往食堂，我還以為他們要逼我吃東西，沒想到我被帶到負責人哈伯加先生（Mr. Habeggar）面前。他拉開對面的鋼製折疊椅，我虛弱地癱在椅子上。

「我們打了電話給妳媽媽——」排山倒海的寬慰，吞噬了接下來的一段話。「——新學校很不容易，這我懂。我也有住波特蘭的親人，我知道那種家庭的關係有多緊密。」

不久後，我上了哈伯加先生的車，車子停在北韋伯斯特鎮的ＩＧＡ超市前。打烊時間早過了，但超市內仍亮著燈，黃光灑在堆在自動門旁的一袋袋軟化鹽上。數分鐘後，媽媽銀黑相間的貨車駛入停車場，她還沒停車，我就下了哈伯加先生的車。

大人們擔憂地打招呼，我則爬上媽媽貨車的副駕駛座窩著，我全身肌肉痠痛，牙齒也陣陣發疼。我聽過「疲憊不堪」的說法，現在，我突然能理解這句話的意思了。媽媽上了車，手掌貼著我的額頭。「妳怎麼了？」她擔心到整張臉都皺了起來。我默默搖頭。

疾病還是流感還是什麼怪毛病從先前在禮拜堂就蔓延到了我全身，在車上，星期三變成了星期四，怪病依然緊抓著我，直到韋恩堡熟悉的都市光點出現在了天邊。

8

那一年，我八年級那年，「窗簾拉緊」成了我們家中的鐵則。那段時期，爸媽告訴我絕對不能應門，即使知道門外是什麼人也不行。自從信件消失、電信服務中斷，過去沒有的脆弱感似乎盈溢了我們的日常，只要是窗簾與石灰岩牆外的任何事物、任何人都居心叵測，我們只能相信自己人。爸爸愈來愈相信媽媽說得對，他也認為有人想對我們不利，於是將保護家園的重責大任交給了我。他開始說這樣的話：「如果有人進到院子裡，妳就要想辦法，妳必須保護我們的財產。」

十四歲的我變得無比警覺，沒有一刻鬆懈，到了每天的結尾，我都因無數個鐘頭的謹慎與警覺而肩頸痠痛。每一輛經過我家的車，我都聽得一清二楚，店裡每一出現陌生或熟悉的臉，我都會仔細觀察那些人的眼睛。既然連實事求是的爸爸和剛烈魯莽的媽媽都無法保護我們，他們想必是亟需我的幫助。被害妄想成了義務，成了我對家庭扭曲的責任。

放學後的晚間，我會在自己的塑合板書桌前坐下，功課像豐盛的大餐一樣全部擺在桌上。我將一堆堆功課按科目分類，從最簡單的開始寫，所以很多時候我都會和數學題奮戰到深夜。

寫作業的同時，我會偷偷把窗簾拉開一道縫，隨時注意前門外的動靜。爸爸通常在後院幹活，媽媽總是在沙發上，這個家總得有人看守。

白色載重車緩緩停到家門前的路肩時，斜陽已準備西下。卡車的副駕駛座車門上寫著「俄亥俄峽谷天然氣」（Ohio Valley Gas），它開著引擎在路邊暫停片刻，接著一名穿著看似正式制服的高挑男人下了車，繞過卡車尾走了過來。他在工具箱中翻翻找找的同時，我的心思飛快運轉。

俄亥俄峽谷天然氣公司是我們家用的天然氣公司，所以他們會來這邊也合理。男人的灰色制服看起來不像假的，人也有點眼熟——我是不是在鎮上見過他？他停車的位置沒有問題，天然氣錶離卡車只有幾英尺，就在公路旁邊。一切都顯得很正常，只有時間有問題。現在時間不早，將近晚上八點了，我怎麼不記得以前有誰在晚餐後

我們家正面。

來讀錶？

一定要告訴爸媽。

我從書桌前推開椅子，快步走入客廳。電視機在媽媽疲倦的臉上映出藍紫色光影。

「媽媽，屋子前面有個天然氣公司的人。」

「好喔，艾克絲頓。」她不怎麼感興趣地說。

「妳不覺得現在來有點晚嗎？」

「還好吧，他應該只是在讀錶而已。」

沒時間等媽媽跟上我腦中的懷疑了，我逕自走向畜舍。幸好我不必多說，爸爸就轉到了我的頻道。我對他說到天然氣公司的人來訪，他便皺著眉頭望向前院，接著迅速走了過去。我急轉彎從後門飛速進屋，準備從我的房間監視他們的對話。

我手肘靠著窗檯，看著爸爸走向工人，工人已經站在天然氣錶前，手裡拿著金屬記事夾板，身體彎成了九十度。天然氣錶是陶土色，它從地面探出，大概到膝蓋的高度，旁邊則是一些碎石。我以前常從臥房窗戶往外望，擔心路上的車子打滑之後撞上去——那會爆炸嗎？此時我看著它，只希望它別引起我超乎我想像的危機。

爸爸的肢體語言相當禮貌，卻透出了堅持，他雙臂在胸前交叉，彷彿在保護自己，將不受歡迎的侵犯拒之門外。工人拿著夾板揮來揮去，有時用筆指著夾板。我看到他露出微笑，熟稔地對爸爸點頭，心裡的結稍微鬆開了；話雖如此，他們的對話進行那麼久，絕不是什麼好消息。

就在我的手肘開始痛時，我看到兩個男人在逐漸消逝的陽光下握手。我緩緩從窗前走到客廳外鋪著橘色地毯的位置，爸爸進屋時，我就在門口等他。媽媽從電視機移開視線，先是看我，接著看他。

「所以。他是來關天然氣的，」爸爸說。「說是我們在新科里登那邊的房地產沒有繳費。新科里登？妳知道那是怎麼回事嗎？」他看著媽媽，媽媽翻了個白眼。

「當然不知道了，一定又是身分盜竊。」她說話時，語音終於充滿了擔憂。

「還好那傢伙認得我——他應該是很常到店裡買東西吧，他還說我們以前是同屆的同學。他說我們家不是那種不繳費的人，一定是發生了什麼誤會。」爸爸一手爬梳愈來愈灰的頭髮，嘆息聲混雜了寬心與困惑。

「可是鮑比（Bobby）和瑪莉（Mary）住在新科里登。」媽媽說道。

「是啊，所以呢？」電視還開著，他們似乎都沒注意到我站在旁邊，顯然也沒有為我發現天然氣公司的卡車而對我有太多感激。

「如果這件事是他們在暗中搞鬼，那就說得通了。你也知道，瑪莉之前犯了福利詐騙罪，還被定罪呢。」媽媽提出犯罪假說。

鮑比是爸爸的親戚，瑪莉則是他太太，他們以前住在美國北部一間老舊校舍，後來才搬到新科里登。鮑比頂著一頭亂糟糟的深紅色頭髮，臉似乎時時處於曬傷的狀態，瑪莉則身材高挑，我只看過她粗硬的金髮挽成緊緊的包包頭，沒看過她弄其他髮型。她的牙齒不好，缺了幾顆牙，也有幾顆牙齒缺角或裂了。他們家有三個小孩，兩個女兒、一個小兒子，女兒和我一樣會在傑伊郡園遊會上展示她們養的雞。

除了在園遊會見面之外，鮑比與瑪莉很少來探親。有一回，鮑比打電話給爸爸，說他需要一些木柴，他想燒柴幫他們居住的校舍加溫，於是爸爸邀他到我們家後面的樹林撿木柴。媽媽為此大發脾氣，叫嚷著說她不希望鮑比接近我們，她還硬要我關燈躲在房間裡，以免鮑比的小孩發現我在家。

鮑比和瑪莉有可能是身分盜竊案的犯人沒錯，但機會不大，畢竟他們夫妻倆似乎不怎麼機智，感覺沒辦法完成長時間複雜的犯罪。媽媽說瑪莉曾被判福利詐騙有罪，不過即使她說得沒錯，瑪莉既然被定罪了，就表示她欠缺這方面的技術。此外，鮑比與瑪莉和我們不同，他們的生活苦惱、雜亂且異於常人，但他們不是壞人，而在我看來，無論對我們做了這些事情的人是誰，他們一定是壞人。

「帕姆，這我就不曉得了。我只希望這一切早早結束。」

「我明天就去一趟警局，把新的事件告訴他們，說不定他們會北上去新科里登，去問問你的親戚。」

爸爸沒有回應，他默默地穿過客廳。媽媽的視線再次回歸客廳一角的電視螢幕。

爸爸回到暮光下完成農活之時，我也回到自己房間，在攤開的書本前癱坐下來。我從書桌上的小兔子筆筒拿出橡皮擦，既然要開始寫被我一再推延的數學功課，就必須用到橡皮擦。就在此時，汽車嗡嗡的引擎聲遙遙傳來，直到車燈照亮了院子裡的白蠟樹。我屏著一口氣，看著它絲毫不放慢速度地駛過，然後向前傾身，目送篝火餘燼般的車尾燈消失在夜裡。

9

媽媽有沒有將最新一起事件告訴警方，我不知道。小時候，我沒資格參與爸媽許多的對話，不過我猜媽媽最終以某種方式解決了天然氣公司的問題，反正我們家的天然氣供應並沒有中斷。我們再也沒提到新科里登了，關於鮑比與瑪莉的揣測就和媽媽其他的假說一樣，未經深度思考便又再次消失。這則假說也和媽媽其他的陰謀論一樣，和爸爸的親友脫不了關係——爸爸家族幾乎所有人都被媽媽討厭了，我小時候也相信她這份厭惡是情有可原。

爸爸的童年並不快樂，他甚少提及那段過往，不過我能想像他描述過幾次的那棟兩層樓棕色小房屋，以及屋外印第安納州貝爾凡坦鎮（Bellfountain）乏人問津的鄉村道路。貝爾凡坦鎮不過是傑伊郡東部兩條交叉的道路與一座教堂，但當地房價低廉、附近又有工業區，我奶奶芭布（Barb）就是在一間工廠上班，負責組裝五美分硬幣大小的電視機感應器，爺爺里奧納德（Leonard）則是焊工。

爸爸的家庭不富裕，但生活還算過得去，他們和媽媽的家庭不一樣，沒有人酗酒、沒有人戴閃亮的珠寶首飾，也沒有人半夜從碼頭摔到湖裡。貝茲家就是尋常的藍領家庭，組成了典型的美國人家，而在這樣的家庭裡，奶奶可怕的脾氣顯得格格不入，也令我眼中的她更加古怪不祥。

我最初得知貝茲奶奶有暴力傾向，應該是聽媽媽說的。聽說爸爸為了在半夜逃離她，甚至會爬出窗戶、爬上電視天線塔；聽說奶奶會用鈍器與掃帚毆打爸爸；聽說爸爸為了保護妹妹——我的麗莎姑姑（Aunt Lisa）——甚至會時時帶著她行動，以免她受奶奶的怒火波及。爸爸鮮少提及自己的童年，但在和奶奶互動這方面，他給了我一份建議：「絕對不要背對著她。」

爺爺人不壞，卻和他的孩子們同樣飽受驚嚇，因此成了妻子暴政的共犯，會在芭布的指使下打小孩。

一有能力養活自己，爸爸便離開了家。

麗莎跟著搬出去之後，芭布離開了里奧納德。

爸媽以前常分享一件趣事：芭布把家裡的鎖全部換掉、讓里奧納德知道他們的關係已經結束了的那天，麗莎來我們家將消息告訴媽媽，當時四歲的我專心致志地聽姑姑分享熱騰騰的八卦，聽得一頭霧水。我還以為爸爸媽媽、丈夫妻子是無可分割的存在，如同機器裡兩顆無可分割的齒輪。那天，爸爸從雜貨店下班回家，我崩潰地在門口迎接他。

「貝茲奶奶是離婚人！」我尖喊。

談到他母親時，爸爸只有回憶起我幼時的道德觀與憤慨，才有可能露出笑容。

夫妻離異後，里奧納德搬到了麗莎家，但那時麗莎已是新婚媽媽，忙得喘不過氣了。艾略特外公去世、我們搬進他的房子之後，爸媽邀貝茲爺爺住進他們先前居住的綠白相間活動住房，爺爺拖拖拉拉地考慮了好幾年，可是爸媽十分堅持。一天，媽媽在辦公室工作、我在一旁打發時間，她突然將一把新打的鑰匙交給我。

「把這個拿去麗莎家，」她說。「妳爺爺該從那裡搬出來，來跟我們一起住了。」

我走了幾個街區去麗莎姑姑家，一路上一直思索，媽媽為什麼這麼堅持？可能是想找個人幫爸爸幹活吧，而且我雖然年紀夠大、可以自己待在家裡了，有個大人照看我還是比較安全。爺爺代奶奶施行暴力多年，儘管後來爸爸和爺爺終於慢慢修復了父子感情，但貝茲爺爺從沒真正關心過我。艾略特外公以前會買雙倍夾心奧利奧餅乾（Double Stuf Oreos）給我吃，還會讓我看卡通，我倒是不記得里奧納德爺爺有給過我什麼禮物。他就算想送也送不起吧，畢竟他把自己擁有的每一分錢幾乎都拿去賭博了。

里奧納德的賭博行程總是排得滿滿的，他天天去美國退伍軍人協會（American Legion），每週三、週六在協會幫忙主持賓果遊戲，星期二則是去駝鹿小屋組織（Moose Lodge）。每個月，他都會在某個星期一上四十與八俱樂部（Forty and Eight Club）——這也是退伍軍人團體。他那麼常賭博也沒贏到什麼錢，即使贏了錢，那些錢也會在他有機會對別人炫耀之前輸光。

拿到新鑰匙之後，爺爺似乎覺得可以搬進我們家後院了，沒過多久，他和他那少少的幾件家當就出現在我們家後面。那間活動式住房是我印象中第一個家，看到爺爺在我們以前的家裡，感覺很奇怪。一九七〇年代晚期，爸媽回老家照顧外婆時，特地訂做了這間活動住房。以活動住房而言，它相當高檔，內部鑲了木製牆板，窗前有秀氣的灰白色窗簾隨風飄動，架高的用餐區和廚房隔了開來，客廳則延伸自屋子主要的架構。當時爸媽並沒有生小孩的打算，因此第二間臥房——後來變成我房間的那間——比廁所還小，但它的角落有內建的置物架，我以前都把貓咪公仔排在架子上。

我和爸爸把那間活動式住房保養得很好，他每年加固屋頂，提著一桶十加侖、看似銀漆的東西爬梯子上去，我通常都待在下面，在他出聲時把各種工具與抹布交給他。到了冬天，我們必須處理屋子外露的水管，以免管線結凍。爸爸在活動住房底下出乎意料地發現自己有幽閉恐懼症，而我身材比較嬌小，所以處理管線成了我的工作。我會在冰冷的房屋框架與硬實的地面之間鑽來鑽去，一隻手抓著伴熱器，將插頭插進活動住房底部的插座。頭髮與衣服在地上沾了一堆塵土與枯草的我會確保伴熱器插頭插得

農場後側與我們的活動式住房。

穩穩的，也確實有通電，然後再從活動式住房下扭啊扭地爬出來。

貝茲爺爺入住時，活動住房已經將近二十歲了，不過屋況依然良好。爸媽沒跟他收房租，只要求他在農場上幫忙，然後偶爾協助料理我們屋子裡的家務。爺爺搬過來住，令我興奮不已，因為如此一來我就不必割草了。雖然比不上卡通和餅乾，這也算是一份小確幸了吧。

◆ ◆ ◆

爺爺來跟我們同住沒多久，一天晚上我坐在書桌前，聽見汽車駛入車道的聲響。那晚我忙著寫特別繁重的功課，只隱約注意到車聲。打從天然氣公司的卡車那件事以來，每一晚，每一輛車都直接經過我們家，每一輛車都在告訴我：再這樣偏執下去，我只會一事無成。我漸漸鬆懈了，結果現在，我們家車道上停了警長的警車。

「媽媽！」還沒進到客廳，我便扯著嗓門高喊。

「怎麼了？」她的眼睛在等我的身影出現。電視上在播她愛看的情境喜劇，罐頭笑聲和我捎來的重大消息互相矛盾。

「警長來了。」

不知媽媽心中是否萌生了憂慮，總之她沒有表現在臉上，雖然身體坐直了些，但她並沒有起身。原本在廚房的爸爸倒是從後門走了出去，繞過屋子走向院門——如今，那已經是守在善與惡、安全與危險之間的一道門。

我緊盯著媽媽，她現在靜靜地抱胸坐著，目光投往院門的方向。我們看不太到外面，但能聽見兩個男人打招呼。我再也忍不下去了。

這棟房子是在一九五二年建造的，所以我的衣櫃並不大，但我以前夏天獨自在家，曾經在裡頭躲過。我將掛在櫃子裡的一件件襯衫往兩旁一分，轉身背靠著牆坐下，在雙眼適應衣櫃中的黑暗時，我到處摸索，找尋鞋盒、動物玩偶和任何能藏住我腿腳的東西。然後，我靜靜傾聽。

我聽見喃喃對話聲，聽見爸爸模糊不清的語音透出驚訝，接著是憤慨。我緊緊闔眼，額頭抵著膝蓋。**拜託你們了**，我心想，**拜託讓這一切停下來吧**。

還真的停了。對話結束了，我聽見車門關上，引擎發動。我推開堆在面前的布偶與盒子，半爬著出了衣櫃，來到走廊上。

「帕姆，他們是來逮捕妳的！」我頭一次聽到爸爸如此憤怒的語音。「支票詐騙。他們說妳在波特蘭的沃爾瑪超市開了非法支票。」

不可能啊，媽媽認為沃爾瑪的格調太低了，我們不該去那種地方購物，她也經常將這些掛在嘴邊，同時抱怨波特蘭沒別的地方買衣服或家用物資。

媽媽倒抽一口氣。我盯著地板。

「我把身分被盜用的狀況告訴他了，我說妳——還有我們——不可能做那種事。可是，事情實在已經夠了，不能再這樣下去了。」他抱胸站在媽媽面前，低頭看她。

沒錯，我心想，不能再這樣下去了。盜用我們身分的人，現在居然還在光天化日下假冒媽媽，而且是在離我們家僅僅數英里的地方，太大膽了吧！犯人顯然相信自己不會受到法律制裁。我的胃宛如暴風中的風鈴，不斷翻騰。快讓這一切停下來吧。

「我要是知道該怎麼阻止犯人，我早就去做了啊！」媽媽不甘退讓。「我已經盡全力了，可是看樣子，那個人已經把他們需要的資訊全都弄到手了。」

「我受夠了，我沒辦法再過這種生活了。」我的胸腔向外擴張——爸爸終於要想辦法解決問題了。我屏氣凝神，準備聽他的高見。

然而，爸爸沒有提出明智的解決方案，也沒有要安慰我們的意思，而是穿過客廳、廚房，逕自走出了後門。我漸漸明白：他沒辦法再過這種生活了……沒辦法再和這個家庭一起住在這棟房子裡，面對這些困難了。所以，他儘量生活在屋外，和動物們一起生活在各項工作之中。

電視上在播洗面乳廣告，粉飾了我和媽媽之間受傷的沉寂。

我們的生活宛若不停輪迴的同心圓：住在外公家隔壁，等他死後，邀爺爺搬過來；觀察一輛輛汽車從左到右經過，左到右、左到右；好不容易澆熄了前門的火焰，新科里登、沃爾瑪，甚至是我們無法想像的某處，卻又燃起了新的火苗。

10

發生這許多事件的同時，我一直儘量擺出樂觀開朗的模樣。九年級初，我當選九年級學生會祕書，對我而言，這是光榮與驕傲的成就。唯一美中不足的是，這並不是我要的職位。其實，我想當的是學生會長，但我在數週前研究過學生會長的競選資格，除了種種學業與表現上的要求之外，還有一條深深埋藏其中、令人火冒三丈的規定：學生會長必須是男性。於是，我競選較低階的祕書，就這麼選上了。儘管被父權體制阻礙了進路，此次勝利仍讓我對同學產生發自內心的感激，這些人的家長可能無法包容我，但同學們人都很好，也很願意接納我。祕書的職責之一，是在早晨的禮拜時間帶全國高中部唸誦基督教效忠宣誓：**我謹宣誓效忠基督教旗幟及效忠所代表之國度救世主，唯一受難的救世主，復活與重生，生命自由全信者皆享。**各年級的學生會祕書會輪流帶國高中學生唸宣誓詞，似乎只有我一個學生注意到此情此景的諷刺：我這個不怎麼虔誠的天主教徒，居然會率眾進行每日的宣誓。每每站在禮拜堂前頭，我就感覺自己是個冒牌貨。

新學年剛開始幾週，老師吩咐我們為前往印第安納波利斯的一日校外教學作準備，那天的行程是參加盛大的浸信會信仰復興布道會。在我看來，這就表示會有很多男人臉紅脖子粗地尖聲叫喊，半恐嚇、半狂喜地描述即將來臨的被提[5]。校外教學通知書上寫道，因正當理由無法參加的學生可以選擇不去印城，不過當天還是得到校完成另外的作業。我才剛讀完這段文字，便大步邁向行政辦公室。

我在校長辦公座位找到艾斯校長，他見我走近，露出不帶笑意的微笑。他是個高大而頭髮漸禿的男人，頭頂邊緣生了一圈灰髮，宛如天使的光環。

「我沒辦法參加印城校外教學。」我擠出整副身心的信心，對校長說。「回來的時間太晚了，我爸媽沒辦法來接我。」

「嗯。」他這麼回應。

「可以請老師另外出作業給我嗎？」

艾斯校長摘下眼鏡，整理了擺在面前的一疊紙張。「貝茲同學，我們不是沒見過妳這種人。」我周遭的空氣似乎在嗡嗡作響。我不確定他這句話是什麼意思，也不確定該如何回應才是，只能咕噥一聲「謝謝」之後快步離開。那晚，我把艾斯校長的話告訴爸爸。

「好啊，那個混蛋可沒見過我這種人。」爸爸沉聲說。

5 被提（Rapture）是基督教末世論中的一種概念，信奉者認為當耶穌再臨時（或再臨之前），已死之人將會復活高升，活著的人也將被一起送到天上的至聖所與基督相會，肉體將昇華為不朽。

他，還有我，都對學校毫不讓步的宗教洗腦教育失去了耐心。

「我也不想這麼說，」媽媽表示。「不過隨著妳長大，情況只會愈來愈惡化。他們之前說過妳不信基督教也沒關係，但他們顯然期望妳改信基督教浸信會。」

我們坐在客廳電視前，也許是因為這件事關乎每月四百美元的學費，媽媽難得調低了電視音量。

「可是我學到了好多。」我告訴她。這是真的，我現在比讀公立學校的同儕超前不少，而且還有足夠的人氣，至少能選上學生會。

「那妳就得照他們的規定去做。」媽媽說。她常要求我「入境隨俗」、「隨遇而安」，我雖然只是個青少年，也已經漸漸受不了人們的規定與習俗了。

最後，我決定離開海瑞特學校。在家中不安定又不時爆發衝突的情況下，我實在沒力氣和多事的大人爭什麼救贖不救贖的，只想消失在公立學校的人海之中。我只希望其他人別再來煩我。

隔週，我和媽媽到傑伊郡高中（Jay County High School），和三十年前輔導過爸爸的輔導老師面談。那週是返校舞會，辦公室裡滿是毫無意義的裝飾，電視螢幕在播一個男生穿草裙跳舞的影片。當時，傑伊郡高中據說是全州青少年懷孕比例最高的學校。我們花了一個上午謹慎選課，確保我能繼續走我的資優生升學路，接下來除了體育課之外，其他課程應該會好很多。這句話我對自己重複了太多次，有時還真的能說服自己。

11

我小時候——應該是年紀小到不該騎三輪車的時候——有時會和爸爸到農場後頭的樹林騎車，一騎就是一整個下午。占地遼闊的山毛櫸、白蠟與楓樹林離馬路相當遙遠，在森林裡的那幾個鐘頭，我們可以假裝外頭的世界不存在。我和爸爸建了自己的小路與池塘，還蓋橋跨越連接樹林南北側的小溪。全鎮的人都苦苦哀求爸爸開放外人進森林打獵，卻被他拒絕了，他喜歡觀察鹿群走在森林裡，喜歡看牠們舔他像禮物一樣放在林中的一塊塊鹽。我們很樂意和鹿群共享這片寧靜的樂土。

在當時，爸爸每次收工回家都會帶小禮物給我。每天走進門，他就像人偶似地靜靜站在門口，臉上帶著燦笑，等我猜出他把從雜貨店帶回來的小玩意兒藏在哪一個口袋裡。找到小禮物之後，我會跟著他到屋外餵食動物、騎三輪車，或清掃畜舍。

媽媽從以前就保護欲旺盛，要是在新聞上看到綁架案，她接下來那幾天都會諄諄警告我要提防外面的壞人，要我小心別被壞人從房間或公車站綁走。隨著身分竊盜的情形惡化，此事便沉沉壓在我們家所有人的心頭，媽媽比以前更不希望我出門了，她不希望我去畜舍，更不希望我進森林。她說犯人已經從我們這裡偷了太多，對方很可能是對我們心懷怨念，這種人很可能會連我一併偷走。她說，她聽過有些人會開車沿27號美國國道來回行駛，等著把在院子裡活動的小孩子綁走，她還說會有陌生人躲在森林裡。在得知身分盜竊犯有膽子假冒媽媽之後，我也開始認同她的想法。

我和爸爸愈來愈少在後院陽光下共處，而且我已經過了拿雜貨店小禮物的年紀。我們之間的拴繩逐漸解體，直到後來，我們之間唯一的共同點，似乎只剩下被犯罪者針對的苦楚。我們成了同一場審判中的原告。

時間是孟冬，道路已然沾染了鹽的白斑，爸爸從雜貨店下班後來學校接我回家。開車回家的二十分鐘裡，我們沒說什麼，我盯著掠過窗外的一片片田野。寒風捲過夏季剩餘的大豆與玉米梗，但還好有出太陽。

車子駛近車道時，我們同時看見了——長長的黃色門掛牌在微風中對我們揮手，彷彿知道我們回來了。我似乎聽見爸爸咬牙切齒，而我自己則是深深吸了口氣，準備面對新一輪災厄。

我們家被停電了，原因是電費逾期未繳。爸爸從門上扯下掛牌，大步進門。媽媽還在工作。我落後幾步進屋，穿過寧靜得有些陰森的屋子——沒有時鐘的滴答聲，沒有家電運作的低嗚——進到後院。冰封的一片片草葉在我們腳下破碎。

爸爸還沒走到活動住房，就看見在戶外餵狗的爺爺。「你那時候在家嗎？」爸爸握緊的拳頭舉著黃色掛牌，劈頭就問。「這是怎麼來的？」

爺爺似乎沒注意到爸爸情緒激動，他聳了聳肩，簡單回答：「那個人說他需要進屋，我就讓他進去了。」

「這件事我們不是談過了嗎？」爸爸毫不退讓。「在打給我之前，絕對不能讓任何人進屋。這個——」他揮了揮掛牌。「——是場誤會，這不是給我們的。」

我沒有留下來聽完爸爸剩下的說教。我們全家都聽過爸爸多次的警告，而最認真看待這些警告的人就是我；這麼說來，菜刀事件還只是數月前的事呢。

某天，學校放假，我一個人在家，突然有輛破舊的黑色小貨車停在我們家門外。我深深厭惡成天被困在陰暗家中的感覺，那天上午就連爺爺也出門，參加退伍軍人團體的活動去了。我才剛坐下來，準備在一個個日間電視節目之間無盡輪迴轉臺，卻驀然從厚窗簾的縫隙中看見貨車，接著驚恐地看著一個年紀稍大、身形瘦削、穿著沒什麼特徵的舊工作服的男人從駕駛座跳下車。我靜止在陰暗的屋內，觀察男人打開貨車後門，動作若無其事得令人不寒而慄。

我從眼角瞄見了手機，只見它如可笑的小雕像，坐在專屬的凳子上。我可以跑過去，用觸感綿軟的按鍵撥打九一一，過個十到十五分鐘警察就會來了。但目前為止，警察幫助過我們嗎？上回有警察上門，他可是來逮捕媽媽的。爸媽一再叮嚀過我，叫我誰都別相信，現在我連警察都不信任了。

屋外一閃而過的動態，將我的注意力拉了回去。看見男人將工具袋與橘色線纜掛在肩頭，關上貨車後門，我雙腿湧上一波腎上腺素，腦中迴響起爸爸的聲音：**如果有人進到院子裡，妳就要想辦法**。我必須和入侵者相抗，守護我們家的財產。

我身上仍穿著睡衣，是紫紅色細條紋長褲，以及相同花紋的上衣。我走進廚房，快速找出最大的一把菜刀，然後躡手躡腳地溜進洗衣間，穿上媽媽髒髒的畜舍鞋。我沒想到自己是個年輕女孩，沒想到自己根本就不懂得用刀防衛自己，滿腦子只想著要遵照爸爸的指示保護家園、保護自己。

我待在房子的石灰岩外牆旁，閃身躲到連翹樹叢後方，接著跑到離車道最近的白蠟樹後。我從樹皮剝落的樹幹後面往外窺視，看著男人從容走下碎石車道，朝畜舍的門走去。我急中生智，心裡有了計較：我要從後方冒出來，給他一個出其不意。

「喂！你……是……誰?!」我從樹後跳出來高喊，雙手顫抖著高舉菜刀。

「我是水電工！」男人轉過身，驚恐到雙手都舉到了空中。

「水電工？什麼水電工？」我尖叫。「沒有人說過今天會有水電工過來啊！我不信！」

「是里奧納德叫我來的。」他一面說，一面朝貨車的方向退去。現在，我感覺更有自信，甚至是充滿了力量。我舉著刀跟了上去。

「如果是他找你來，他怎麼沒告訴我？他媽的給我滾出去！」我尖叫的同時，男人轉身奔往院門，將工具袋丟上副駕駛座，車門一剛關上就迅速駛離路肩。我一直等到貨車完全消失，這才退入後院。回到屋子裡之後，我換上平常穿的衣服，一面和貓咪玩，一面努力冷靜下來，每一分鐘都過得極其緩慢。最後，爸爸終於走進前門，我衝了上去，將自己今天做的一切都告訴他。

「我解決問題了。」我對他說。

「我叫妳做的事，妳都做到了。」他毫不遲疑地說，看得出他十分驕傲。後來，爺爺回到家，我和爸爸開始審問他。

「你有叫水電工嗎？」爸爸問道。我站在他身後，像個火大的家長似地雙手抱胸。

「有啊，那是懷蒂（Whitey）！」爺爺笑著說。「活動住房裡有什麼東西堵住了，是我請他來幫我看看的。」

「你怎麼沒告訴我們？」爸爸怒喝。

「剛剛在退伍軍人協會遇到他，」爺爺無視了爸爸的提問。「他說有個瘋瘋癲癲的小女生拿刀把他趕走了，我就跟他說，那個瘋瘋癲癲的小女生是我孫女！」聽到這裡，連爸爸也忍不住笑了。

媽媽回來時也笑了，彷彿用菜刀驅趕可能的入侵者，不過是小孩子成長過程的一部分，就和青春期變聲、暗戀別人沒兩樣。

爸爸是覺得事情很好笑沒錯，但更重要的是，他因為我掌控了局面而感到滿意。我緊抓著那種感覺不放。

家中供電被切斷的那天下午，我心裡很氣憤，但不是氣爺爺信任電力公司的人——畢竟爸媽沒把我們身分被盜用的狀況對他全盤托出，他們擔心爺爺會將消息透露給不該透露的人，甚至無意中對犯人走漏情報。我之所以生氣，是因為我們的偏執已經在家人之間鑿出了深深的溝通溝壑，本該和我們最親近的人，從我們這裡得到的卻只有沉默。我氣的是，明明還有一大堆功課要寫，家裡卻太黑了，沒辦法寫作業。我氣的是，那個神祕的犯人又找到了傷害我們的新方法。

爸爸責罵爺爺時，我默默走到屋子後側的日光房，將沉重的書包放到白鐵絲桌上，自己坐上不舒服的陽臺椅。椅墊鮮豔的藍黃花紋，和玻璃外暗沉、棕色的風景形成強烈對比，斜陽在後院映下朦朧的光。

我裹著冬季外套，用下午最後的陽光寫功課，等到白晝落到天際下，我就用手電筒寫數學作業。那之後二十四小時，我們過著拓荒者的生活，媽媽整天拿著手機窩在房間裡，打著一通通電話試圖解決最新一起事件。隔天晚間，我把兩天前的爆米花當晚餐吃，拿著手電筒看書時，整棟屋子猛然復甦，暖氣爐隆隆甦醒，客廳檯燈彷彿憑著自己的意志亮了起來。

12

這些年，我們經歷了種種動盪——意外的訪客、忽明忽暗的家電、過於緊張的對話——期間還發生了一件事，卻沒有人注意到：我不再是小孩子了。這並不表示我就此成了大人，我還不算是成人，不過我成了一個完整的人。在生命的這個階段，我應該擴張世界，走出家門、探索爸媽以外的人際關係，但我的世界卻只有不斷坍崩、萎縮，我的偏執與對於身分盜竊的執念宛如皮帶，限縮著思想的範圍。爸媽准許我接觸的親戚人數愈來愈少，和朋友講電話也太過昂貴，基本上是不可能。我內心害怕，感到無比孤單，同時也疲憊不堪。

只有在四健會，我才有機會社交與看看外面的世界。在高中四年，我在四健會活動上展示了從雌珠雞到貓等各種動物，往往能帶著堆積如山的緞帶回家。我在四健會交了幾個朋友，但因為大部分的工作都是在自家農場上完成，我和這些人的關係只停留在生活邊緣，從沒發展成親密的友誼。現在回想起來，當年的我就是迫切需要親密的友誼。結果，我愈來愈依賴自己和動物們的感情，和爸爸一樣向默默接受我的牠們尋求慰藉，從牠們一成不變的規律生活中得到安慰。和我關係火爆的人類家庭一比，動物們的生活映襯出了鮮明對比。

某個早春晚間，我對爸爸宣布：「我總有一天會找出對我們做這些事的人，以後我們就不用再過這種生活了。」此時，我們在看電視，我躺在客廳的唐朝風花紋地毯上。這是我首次將心中的想法說出口。

我們無論是身體或心靈都孤立無援，夜間只能用厚重的窗簾將世界隔絕在外，而我們昏暗的家——現在四周圍了木欄，每一道院門都加了掛鎖——就位在田中間，像靶上的紅心。白天，我們去上學工作、在後院幹活，就會拿出比方法派演員更專業的態度，竭盡全力假裝一切都毫無異狀。我無論如何都不得對他人提起身分盜竊之事，也不准洩露家中的祕密。

「愈少人認識我們愈好。」這是媽媽的口頭禪，爸爸也唸得琅琅上口。

對外演出並不是什麼新奇的現象，我從小就受到媽媽的諄諄教誨，說每次在教堂或店裡遇到熟人，就要對他們說自己今年收集了幾條四健會緞帶，或把自

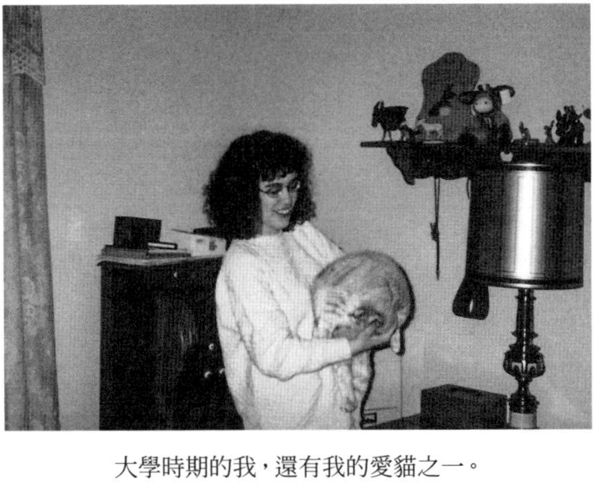

大學時期的我，還有我的愛貓之一。

己被選上學業優異團隊的事情告訴他們。在身分被盜用之前那幾年，我們仍會出席爸媽朋友家中的派對，媽媽會叫我要「表現得像個屬於這裡的人」。一個人屬於印第安納州郊區，意思就是擁有溫馨和樂的家庭與整理得井然有序的農場——所以，我們家南面的牧草都修剪得整整齊齊。後來割草成了我負責的家事，每當我完成任務，爸爸就會帶著我繞院子一圈，親自指出我漏割的地方。我們家的果樹修剪得一絲不苟，就連掛了鎖的院門都是漂亮的紅杉木。

當然，家門外是一回事，家門內又是另一回事了。我們屋子裡的一切都老舊到了丟臉的程度，滿屋子是橘色、紅色與棕色的地毯與窗簾，我一直覺得家裡是枯葉的顏色。以前外婆在一九七〇年代做的裝飾，大多沒有變動過——灰塵滿布的小飾品、褪色的花紋家具，都是外婆留下來的——即使去世的外公外婆活起來了，他們進了屋子應該也找不到什麼和以往不同之處。每逢過節，媽媽會因為思念父母而痛哭失聲，這時我和爸爸會相視一眼，默默想著：把外公外婆的家像博物館一樣維持原樣，是不是會讓媽媽走不出喪親之痛？

即使身分盜竊犯迫使我們過艱辛的生活，爸媽仍指示我對外宣稱一切都很好，在開往某處的車上，我會問他們：「今天的臺詞是什麼？」只要和他們的指令有毫釐之差，我就等著被媽媽罵到臭頭。

一切都是場繁複的騙局，是我們一再演出、一再改良的魔術秀。表面上，我們過著平穩無憂的生活，實際上，一切卻在悄悄地瓦解。而我也，逐漸崩壞了。

我們家對表象的執著相當深，早在身分遭竊之前就已開始。從我有記憶以來，媽媽就為自己的體重深感煩惱，以前我讀小學一年級還是二年級時，有天在學校被同學笑是胖子，結果哭著回家。媽媽沒有安慰我，也沒說我不胖（其實當時的我相當瘦小），而是對我說：很可惜，這也沒辦法。「妳總有一天，」她宣稱。「會變得和我一樣胖。」我看著媽媽嘗試各種減重飲食、服用Dexatrim減肥藥，以及為了她的飲食習慣和爸爸爭吵，看了多年，她對我的這句宣言令我驚駭不已。片刻後，我在畜舍裡東翻西找，終於找到一段捆乾草用的麻繩。我掀起上衣，將刺癢的繩子綁在腹部，用力到讓自己皮膚發紅，然後我答應自己，在繩子鬆到自己掉下來之前，我不會把它解下來。那是我這輩子第一次減肥。

幾年後，媽媽一改禁止我化妝的政策，將過去用來禁止我化妝的精力，轉而用來對我推銷化妝品。

「妳有沒有化妝？」我上學前，她會尖聲問我。

我通常會敷衍一句，說已經撲了粉，只求她放我一馬。

「妳需要上粉底！怎麼可以這個樣子出門！」

「可是我不喜歡粉底。」我抗議道，彷彿回到了十一歲，為了那件受洗洋裝和她爭論不休。

「妳這副德行，哪有人敢看妳！」她大喊。我漸漸相信了她，畢竟同學為我的長相打扮霸凌我，已經不是一年兩年的事了。我似乎怎麼打扮都無法讓任何人滿意，媽媽不喜歡，學校裡的同學也不喜歡。也許他們都只是想幫我，是我太敏感了。

但是，在我感覺忍無可忍的日子，我會告訴她，如果非得濃妝豔抹才能出門，那我寧可整天待在家中。在我意志力較薄弱的日子，我會隔著媽媽的肩膀呆呆望向某處，任由她將我按在浴室牆上，依自己的喜好在我臉上塗塗抹抹。

假如她哪個早上一次也沒對我扁塌的頭髮或瀏海的長度下評斷，讓我順利出門，那天就是不錯的日子。

我就是不明白，當我的內在感覺糟糕到了極點，外表是什麼模樣真的有差嗎？

相較於我和媽媽如履薄冰的關係，我和食物的關係更加複雜；原本我只是不想和她一樣身材走鐘而已，後來我卻漸漸忘了初衷，依循複雜的系統為她一次次犧牲自我。有一次，在開往某處的車上，我問她晚點能不能買三明治當晚餐，因為家裡的櫥櫃已經空空如也。媽媽嘆息著同意了，她說既然要買晚餐，就需要一些現金，於是我們再去了趟銀行，我在貨車上等她。十分鐘過去了。十五分鐘。最後，媽媽帶著少少幾張二十美元鈔與銀行本票走了出來，我心想回家就能聽她說明詳情了，結果回家後，我只聽到爸媽連聲咒罵。我把三明治放進冰箱，默默爬上了床。

那晚，我在日記中寫道：**我覺得都是我不好，是我說要吃東西的。**

我讀高中那幾年爸媽嚴重缺錢，有時櫥櫃裡就只有幾包乾豆子、幾罐從達樂雜貨店（Dollar

General）買來的綜合堅果，還有一點麵粉。我沒請他們幫我買什麼，而是像小時候和爸爸採集時一樣，開始在外頭覓食。我有時會走到屋後的森林，採些溪畔的野生覆盆莓；夏季，我就偷摘花園裡的南瓜與番茄果腹；到了秋天，我們家果園就有吃也吃不完的蘋果。當媽媽宣稱她沒辦法再每天給我兩美元午餐錢時，我就帶蘋果去學校吃，後來乾脆連蘋果都不帶了。雖然腹中飢餓，我卻感覺心裡多了股力量——即使不向爸媽要任何東西，我也能活下去，而且我有了媽媽期望的纖瘦體態。

數頁後，日記本寫著一句話：**我的體重一直掉。**

不少青少年都為飲食煩惱，或對自己的體態不滿意，也有很多青少女和母親關係不睦。要是爸媽准許我邀同學來家裡作客，或去同學家過夜，或深夜跟別人講電話，或和真的會全家共進晚餐的朋友家庭一起吃飯，那麼，我可能有機會尋獲些許的同志情誼，或許能獲得一些安慰。

然而，每天早上媽媽送我去學校，每天下午爸爸來接我回家，他們宛如輪流監管我的獄卒。我被困住了——受爸媽的期待所困、受身分盜竊所困、受我們對外宣稱的謊言所困、受我們所在的虛假生活所困——但只要不進食，我就得到了控制權，在明知自己毫無力量的情況下，帶給自己力量的假象。

我的體重就這樣一直掉下去。

13

人們關在開了冷氣的車內，疾駛下27號美國國道，經過我們的石灰岩牧場、經過我們修剪得完美無瑕的蘋果園與酒紅色紅杉木柵欄，看到年輕女孩和她父親在七月的紫色暮光中捆牧草……在他們眼中，這應該是可愛又令人嚮往的畫面吧。我相信，這一幕在人們心中激起了某種愛國情操，或是關於家庭價值與中西部社會的祥和情懷。他們也許露出了讚許的笑容，覺得難得有個不是整天黏在電視機前的年輕人，在向父親學習難以抹消的技藝。然而，事實上，我在田裡度過的每一分、每一秒都是酷刑，我恨透了那一切。

捆牧草簡直是噩夢般的工作，我沒有大規模耕作用的拖拉機，沒辦法輕易收割大片大片的作物，我們家那臺拖拉機比較適合用來割前院的草地。捆牧草時，我必須使用三種器械——割草機、草耙與壓捆機（都是以優惠價向隔壁的新荷蘭〔New Holland〕農業機械銷售員買來的）——也必須付出大量的勞力。每年夏天會有不同的人來幫忙，包括爺爺、在爸爸店裡打工的年輕人，偶爾還有親戚和親戚的朋友，不過爸爸只有一個全年無休的農場工人，那個人就是我。我做的是無薪工作，爸爸表示我是用這份工作換得特權，他讓我飼養我在園遊會上展示用的驢子。這怎麼看都是不對等的交易。

每到夏季月份，我們都會捆牧草，從爸爸下班回家開始下田幹活，一直待到深夜一兩點，或者到負責開拖拉機的人累到堅持不下去為止。捆牧草的過程中，我們不會休息吃晚餐，我每天都會看到爸爸從慈愛的父親變成吹毛求疵的農人——他說，我們一定可以完成更多工作，可以提早下田、晚點回家。好不容易收工回家，我們已經累到沒力氣吃飯了，每晚墜入深深的睡眠時，我都會咳出滿口發黑的粗糠與濃痰。

捆牧草工作最討人厭的部分是，每天在田裡，我們都面對永無止盡的危機。天上總是聚積了圖謀不軌的雨雲；爸爸時時注意天氣，對不想聽他即時氣象預報的我喊著說暴風雨快來了，但即使天空降雨，雨勢通常也沒有他說的那麼大。問題是，牧草濕了就會發霉，發霉的牧草毫無價值，所以我們只能匆匆將牧草運進穀倉，把一塊塊五十磅重的牧草搬上升運機（也是鄰居便宜賣我們的），然後再出去重複一次剛才的動作，這次必須做得更快、更好。每日生活在焦慮之中的我們，本該用辛苦的勞動釋放壓力，但勞動卻成了壓力的一部分。我亟欲找尋出口。

媽媽提議讓我找兼職時，我十分驚訝。也許她這麼提案，是因為她的事業近期有了新發展，她在距我們家二十分鐘路程的奧爾巴尼鎮的恆達理財（Edward Jones）找到了全職工作，當起了證券經紀人。當然，她對我提出了條件：我必須待在波特蘭，在哪裡工作的最終決策權也在她手裡。漢堡王（Burger King）的店經理回我電話時，媽媽之所以同意——並說服爸爸同意——完全是因為她朋友哈莉特（Harriett）也在那裡上班，媽媽可以請朋友幫忙看著我。

在我印象中，哈莉特從以前就一直是媽媽的朋友，她們是在媽媽以前常參加手工藝展、擺攤賣字帖時認識的。哈莉特擅長編織，她會用羊毛、獸毛、羽毛與紡織品製作精緻的作品。她們兩人認識後不久，就開始一起租攤位了。哈莉特是德州人，擁有黑色短髮，飽受風霜的皮膚貼著手臂長長的骨骼。她年紀比媽媽大了十幾二十歲，我也在場時，她喜歡自稱哈莉特奶奶，她也確實把我當孫女看待。哈莉特的丈夫戈登（Gordon）以前是傑伊郡兒童與家庭社福機構的主任，後來退休了。以前每到我生日，他們夫妻倆便會帶我去吃必勝客（Pizza Hut），請我吃一整份兒童披薩，甚至要求服務生繞著我們的桌位唱生日快樂歌，我平時和真正的家庭過著與世隔絕的生活，難得有機會出去透透氣。

我十六歲開始在漢堡王打工，那不算是好工作，但在那裡工作也有一些好處：我終於能離開「家」那個陰暗的牢籠，也不必每天下午在田裡揮汗如雨。波特蘭的餐廳不多，所以大家都偶爾會去吃個漢堡王，許多在身分盜竊情形惡化後不再見面的親友，都可以在店裡和我見面寒暄。

遠近親戚與老朋友不時會用得來速點餐，我會在戴著耳機幫他們點餐時認出他們的聲音，興奮地對他們打招呼，幾乎把取餐窗口當成自家前門。這些是我們多年前就斷絕往來的親友，我明知道自己該注意和誰說什麼話，可是好不容易可以回歸外面的世界，我也顧不了那麼多了。

「艾克絲頓！」他們對我說。「妳什麼時候長這麼大了？」

和過去疏遠的親人恢復聯繫，也有一些壞處。波特蘭終究是個小地方，貝茲奶奶也發現我在漢堡王打工，開始頻繁出現在我的工作場所。貝茲奶奶住在波特蘭東側的園遊會場附近，過去十多年來，我們只有在經過她家時，才會遠遠看到她。她和男友傑克（Jake）通常都坐在棕色小屋的前門門廊，每次看到他們，他們就只是坐著，也沒在做什麼。爸爸通常會默默瞪她，在經過時敷衍地隨便揮手，這時我心裡就會想：一個人的母親殘忍到你根本沒辦法去瞭解她、認識她，那不知道是什麼感覺？爸爸真可憐。

但現在輪到我和那個糟糕的老女人周旋，我開始可憐自己了。最初，我在漢堡王當的是收銀員，有時當帶位的服務生，不過比起帶位，我的職務主要是幫人丟垃圾。同樣過胖的奶奶與傑克搖搖擺擺地進門時，我會走最短路徑進廚房，央求經理讓我做內場工作，如果經理不同意，我就不得不和他們互動。

「唉呀，妳應該常來看看我啊。」她的語音總是不帶任何一絲慈愛。灰燼色的乾澀鬈髮覆蓋她的頭皮，像某種真菌。

「其實27號公路是雙向道喔。」我會擠出青少年叛逆、諷刺的語氣對她說。

奶奶和傑克點完餐，就會在離飲料機最近的位子坐下，然後死死盯著我，看著我幫其他客人服務，看著我擦桌子，有時一看就是好幾個鐘頭，直到我的班次結束，或者內場有空缺要我進去補。

奶奶來進行她的神經病活動時，穿的是特別的鞋子，我知道她鞋子裡那雙腳缺了幾根腳趾。爸爸家裡幾乎所有人都死於糖尿病併發症，我也聽媽媽說過，奶奶從很久以前就沒再用胰島素。奶奶整個人都散發出強烈的斥力，她的存在本身，就像是吃過炸魚後殘留數日的氣味。

儘管如此，我還是繼續在漢堡王打工，一頭亂髮從藍綠色帽子下探出來，黑色防滑球鞋的鞋尖黏了厚厚一層油。我完全愛上了自己賺錢的感覺，無論是貝茲奶奶或其他什麼人都無法令我心生放棄的念頭。

想在波特蘭消費的話，就只有沃爾瑪一個選項，幸好漢堡王就在沃爾瑪停車場旁，休息時間去買東西非常方便。我很快就想到，我可以把錢用來買減肥藥丸……媽媽不是就花了好幾年，把自己的減重計畫押在那些藥丸上嗎？雖然媽媽吃了沒效，但是我認為自己擁有她不具備的意志力。我的目光掃過保健食品那條走道，找到無商標版的Dexatrim，然後再匆匆穿過停車場，回到我的櫃檯。

有些天，我買的是垃圾食物——堆積如山、滿是脂肪，卻又令人垂涎三尺的垃圾食物。洋芋片、小黛比蛋糕（Little Debbie）、SweeTart糖，還有每次必買的激浪汽水。回到家，我就把零食偷渡進屋，藏在房間各個角落，SweeTart糖藏在娃娃下面，洋芋片藏在衣櫃裡。我絕不把零食放在公共區域，那可是我的食物，我沒有要和爸媽分享的意思。「油脂」和「糖」在我們家一直都近似髒話，它們造成媽媽的痛苦、爸爸的不耐，而現在，我竟然大膽違規，這種感覺和故意不進食一樣棒。我偶爾會自己在房間裡悄悄吃下一天份的熱量，結束後，我又會進行下一輪節食，再吞幾顆白色小藥丸。

減肥藥令我全身顫抖，也狠狠撐開了我的眼皮，我那副模樣簡直像凸眼金魚。我開始把藥丸咬成兩半或四分之一，分開吃，試圖減緩副作用，但其實很多時候，即使少了仿製減肥藥的「助力」，我的心臟仍會大聲鼓譟。

大約在這段時期，有天我在午餐後上動物科學課，身體突然失控了——嘔意從胃裡爆發，我瞬間口乾舌燥，彷彿臉上蒙著厚厚一層紗布，頓時呼吸困難。我未經老師同意便踉蹌地迅速離開教室，同時用指尖捏住耳朵下面的皮膚，試圖穩住眼前的世界。順著走廊去到保健室那一路上，我一直看著地毯消失在我身下。

「我要回家！」我劈頭就說，護士阿姨根本還來不及問我怎麼了。忽然間，我想起自己上次產生這種感覺是什麼時候了，是在克羅斯利露營場的禮拜堂。這次和上次一樣。我呼吸困難到被空氣嗆到時，護士阿姨撥了電話給媽媽。

接下來七十二小時，我癱在爸爸紅色的沙發躺椅上搖來搖去，不然就是赤足站在後門門廊，讓十二月的寒氣麻木我的身體。半夜，媽媽睡眼惺忪地餵我吃了點多西拉敏（Unisom）[6]，卻完全沒有抑制顫抖的效果。爸媽焦躁不已，我怎麼前一刻還好端端的，下一刻卻突然變成這樣了？我自己也毫無頭緒。

第三天早上，我感覺狀況好轉了一丁點，於是我收拾書包，準備上學。開門準備出門時，種種不適又陡然襲來，和先前在動物科學課課堂上同樣不容忽視。

「我不行了！」我勉強對媽媽喊了一句，又撤退回房間。

隔天，我撐到了學校，結果直接從媽媽的貨車走進保健室，對護士阿姨說我要回家。

媽媽帶我去看家庭醫師，醫師聽她滔滔不絕地描述我的症狀之後，表示我可能是恐慌發作了。醫師把我們轉診給安德森市一位精神醫師，診所位於69號州際公路旁的購物中心附近。我被精神醫師診斷出恐慌症。精神醫師是個年紀稍大、肌肉發達的男人，說話都用氣音。在我們為時一個鐘頭的診療期間，媽媽口若懸河，卻一次也沒提起身分盜竊、我拿刀威脅陌生人、登門來訪的警察、被竊的信件、被強行關閉的電燈，或是凳子上的手機。一小時結束後，精神醫師建議我們一家三口一起接受家庭輔導。接下來發生的事不出我所料：爸爸拒絕接受家庭輔導，那也是我們最後一次談到心理諮商的事。

我在家休養了一個月，但即使整天癱在床上，我也維持了3.714的GPA。終於有辦法回去和同儕一起上課時，我每天在傑伊郡高中的走廊上走三趟去保健室，請護士阿姨給我贊安諾6

6 一種安眠藥。

（Xanax）[7]，有時還不到午餐時間就把三顆藥全吞下肚。至於減肥藥，則被我收在我書櫃上的金屬盒裡。

7 一種常見的抗焦慮藥物。

14

我們才剛吃完早餐，爸爸幫我準備了一盤奶油吐司、炒蛋與花園採回來的炒時蔬。若在平時，這頓飯的熱量就足以令我嚇破膽，但是我很少有機會和爸爸一起吃早餐，他更難得週六放假，我怎麼能拒絕他？吃完早餐後，他就會去後院幹活了，我現在靜靜和他沐浴在廚房裡的陽光下，這是我多年來首次在家中感到如此平靜。今天天還沒亮，媽媽就出發前往韋恩堡了。家中的窗簾是掀開的，所以我們看見了駛到門前的車。

車子在信箱前停了短短數秒，我和爸爸都在觀察它。我感覺到裝滿了奶油與雞蛋的胃化成錨，重重沉了下去。這又是怎麼了？

爸爸放下馬克杯，陽光照在從杯子裊裊往上飄的蒸氣。前門重重摔上。我盯著盤子上的食物碎屑。前門再次摔上。我聽見沙發躺椅被爸爸的重量壓得吱嘎作響。

「怎麼了？」我走進家庭娛樂室問他。

爸爸沉默不語。

「爸爸？」我問道。我試著端詳他的臉，那張臉像一盞關了電源的路燈，低垂著。

他沉默不語。

平時，爸爸生氣時並不沉默，他生性寡言，憤怒時卻會整個人動起來。他今早的沉寂，和被他緊抓在手中、像劍一樣握著的信封同樣令人畏懼。

他動物似地敏捷起身，跨出三步，手機被他握到了手中。我聽見十聲按鍵音、兩聲鈴響，模糊的女聲回應了。

「我現在就要找帕姆．貝茲。」爸爸用我沒聽過的聲音說。

那是媽媽第六還是第七次週六去韋恩堡了，她每週末開一個小時的車過去，是為了接受另一名恆達理財證券經紀人的訓練，學習招攬客戶與管理資產的法門。她換工作之後不怎麼適應——她也把這件事歸咎於我們離不開的這座爛城鎮——大老遠北上受訓，就是為提升她工作上的表現。

「妳現在就回家。」爸爸的語音在廚房每一個堅硬的平面之間來回反彈。在腎上腺素的作用下，我下顎的肌肉緊繃著。

我知道媽媽從韋恩堡回來至少需要一小時，於是我悄悄踩過客廳地毯，走回自己房間。我坐在床上試著看書；我把肥滋像嬰兒一樣抱著，撥弄牠的觸鬚；我盯著窗簾縫隙外的世界。最後，我聽見媽媽的貨車駛進車道的聲音，起身走到門前，背靠著門柱而立，繃緊了身體準備面對接下來展開的一切。

爸爸應該是到前門迎接她了。

「這是什麼東西，妳可以告訴我嗎？」

「你等我一下，我就告訴你。」我聽見媽媽的公事包落到地板上，以及紙張轉手的窸窣聲。

「這——嗯，是啊——約翰（John），這個有問題。」

「喔，是嗎？怎麼個有問題法？」

「我之前忘了告訴你，我們的抵押貸款公司被另一家銀行併購了，所以他們要收回貸款。」

紙張被翻動的聲響。「所以，這想必是行政上的差錯——」

「他們因為行政差錯，寄了徵收抵押品的通知給我們？」爸爸驚疑不定地問。

「約翰，這些事情你不懂，不懂就別勉強自己了。」媽媽不耐地說，聲音移動到了客廳中間。

「沒關係，這個交給我處理。」媽媽有大學學歷，教授們誇她有會計天分，所以爸媽在婚姻中的分工從以前便分得一清二楚、毫無討論空間：媽媽是管錢的專家，爸爸負責把錢交給她，不得提出疑問或異議。至少，理論上是如此。

「帕姆，我真的受不了這些破事了。」

我全身一縮。

「你根本就不瞭解狀況！你根本就不知道生活、買東西和照顧這個家要花多少錢！你每天輕鬆過你的生活，反正就是去農場上養你的驢子、開拖拉機到處轉就行，我可是要去這座爛城鎮賺錢養家，想辦法繳各種費用。約翰，你應該連我們買哪一家的火災保險都不曉得吧？你知道你女兒戴的牙套花了我們多少錢嗎？」

「帕姆，我把這麼多錢交給妳，錢他媽都去哪了？」

我關上房門。他們的爭執逐漸涉入熟悉的戰場。不久後，他們積蓄已久的種種不滿都會一一被列舉出來，爭執會成為旋轉名片架——媽媽痛恨波特蘭，他們之所以留在這地方，是因為爸爸務農。這裡沒有錢、沒有工作、沒有媽媽的同溫層。爸爸則無法相信媽媽這些年來的改變，他說她已經不是當初和自己結婚的那個女人了，他說媽媽現在變得絕望又殘忍。媽媽指控爸爸每次都對她設定最糟的假設。爸爸無法理解我們為什麼怎麼也爬不出負債的深坑。

我集中精神寫數學課的三角函數作業，這是我痛恨的科目，我也逐漸認為，以後若上不了大學，就絕對會是三角函數害的。我盯著紙上毫無異議的標記與符號，腦中一片空白。房門外的叫罵聲沒有停歇。

Cosine、tangent……「離婚」兩個字如吵鬧鬼，悄悄從門縫下鑽進來。

弧、面積……媽媽尖叫出「這座該死的農場」。

我垂下頭，額頭抵著課本第二十一章冰涼的紙頁弧面，想起外公的遺體躺在現在這個位置的時候。如果他現在還在，那該有多好。

我還沒意識到自己在做什麼，身體就開始行動了。我猛然起身，三角函數課本被我用力甩到房間另一頭，一條條四健會緞帶在課本激起的陣風中飄動，接著課本重重撞上灰泥牆，撞出令人心驚的凹洞。我衝出房間，穿過陰暗的屋子，唯一的亮光是廚房餐桌上方的掛燈，那簡直像是拷問室。我沒法看清爸媽，只見他們兩人都緊揪著對方的衣領，媽媽被按在黃色塑膠流理臺前，爸爸背對著我，他們兩個人的臉之間只剩幾英寸距離，雙方低吼不止。

「閉嘴！」我尖聲大喊。「給我閉嘴——！」最後一個字被我拖得長長的。爸媽愕然靜止，被我的音量嚇到了。我彷彿破除了控制他們的魔咒，他們稍微鬆開揪著對方的手。我硬擠到他們兩人之間，命令爸爸去房間另一邊，站到爆米花機旁邊。近來，我有好多頓飯都是用爆米花機胡亂解決的。

「你們在這邊亂吵亂叫，我連數學作業都寫不下去了。我不知道你們到底出了什麼問題，可是我受夠了！要是數學課被當掉，我就沒辦法畢業，要是畢不了業，那我就永遠離不開這個——這個地獄！」

爸爸羞愧地默默癱倒在家庭娛樂室的沙發躺椅上，媽媽倒在了客廳沙發上，靜靜地哭泣。我走進家庭娛樂室，來到爸爸身旁，心中想著：他們終於走到終點了嗎？這就是一切的結局了嗎？我像是焦慮症發作似地深深呼吸，聽見血液在耳中呼嘯。

短短數小時前，我們才在這裡悠悠哉哉地共進早餐，現在爸爸癱坐在椅子上，盯著地板。

「現在是怎樣？你們要離婚了嗎？」我問道。

「我不知道。」他的回答小聲到幾乎聽不見。

我笑出聲，同時嘆了口氣。

我決定問問媽媽。她還在客廳裡啜泣。

「你們要離婚了嗎？」我不帶抑揚頓挫地問。

「如果我們離婚，」她邊大力哭泣邊說。「妳就只能跟妳爸住了，因為他比我有錢。」我只覺得她的話語太過浮誇，平時的憤慨消融了，只留下我不曾見過的頹喪。我在她身邊待了幾分鐘，一手搭著她的肩，徒勞無功地試著安慰她。最後我選擇放棄，回去寫我的功課。

◆◆◆

爸媽在晚上十一點左右攜手走進我房間時，我心中尤自憤怒，卻不感到意外。

「親愛的，都沒事了。」媽媽說。

「怎麼沒事了？我們要怎麼保住房子？」我問道。

爸爸會領出他所有的401（k）退休金，救下這座農場，然後我們會作為家庭繼續住下去。

這就是我們定義的「沒事了」。

隨著我年齡漸長，我開始懷疑在爸媽吵得最凶的時刻，他們的婚姻之所以沒有分崩離析，完全是因為爸爸渴望幸福——或至少是**完整**——的婚姻（這也是他父母沒能達成的成就）。爸爸有時會讓這份渴望吞噬理智，但這歸因於他童年時警醒地躺在床上、生怕奶奶的腳步聲逼近的漫長夜晚，歸因於過去深深刻在了他心中的願望。他原諒媽媽惡毒的言語與一次次過錯，是因為他心中存在美好的理想，雙眼看不見糟糕的現實。

儘管如此，在爸媽軟弱無力的道歉與安慰過後，我坐在房間書桌前，已經管不上爸爸的消極主義，或是爸媽對大問題眼不見為淨的態度了。他們激烈的爭吵仍令我心神不寧，我能肯定的事情只有一件：我已經受夠了爸媽，受夠了他們的爭執，受夠了驚天動地的信件被綁在前門或塞到門縫下，受夠了生活中每一面向不停被擾亂。我非逃走不可。

15

隔週的星期一，有人強行撬開了我在學校的置物櫃，偷了我帶去當午餐的蝴蝶餅，還把我的資料夾當氣墊球甩到走廊另一端。我非常感激這位機車的小偷，那人若是在那天決定當個好人，或者選擇羞辱另一個人，我就會在印第安納州波特蘭市多待上痛苦的八個月。不過那天上午，我在生物先修班拿到成績單時，注意到學校的畢業門檻是四十六學分，我其實已經修滿五十九學分了。於是，我揣著胸中的熊熊怒火，大步走進升學輔導老師的辦公室。

「我為什麼還在讀高中？」我舉著成績單說，模樣像極了在拍賣會上下標的買家。

輔導老師幫我確認過，我只需修完十二年級英文、公民與經濟學，就能畢業了。我剛錯過申請聯邦政府大學助學金（FAFSA）的截止日期，但他給了我其他大學的申請書。老師深信我可以提前一個學期離開高中——還有波特蘭——他的信念也給了我信心。

接下來，我只需說服爸媽。

在火爆的戰爭過後，爸媽仍在維持戰後的溫柔與輕聲細語，在我提出要求的最初，他們異口同聲地表示：**絕對不行**。我還太年輕了，怎麼可以上大學？我早就料到他們會抗拒這個想法，所以不以為忤，決定先從媽媽下手。我對她抱怨傑伊郡高中低劣的學術環境，以及簡單無趣的課程，當初在八年級，我就是用這套說詞說服她讓我離開公立學校的，我這次的遊說也奏效了。

「那畢業舞會怎麼辦？」她問道。「妳不想和同屆的同學一起參加畢業典禮嗎？」

我沒對她說的是，我們根本就買不起畢業舞會的入場票，而且我和同儕的關係頂多只能歸類為人類學上的奇聞。我列舉了自己急著展開大學教育的種種理由，等她接受了之後，我轉而將精力投注於困難得多的任務，也就是說服爸爸。

「去是可以，可是要讓媽媽送妳去學校，我接妳回家。」坐在廚房餐桌前辯論數小時後，爸爸這麼說。他的意思是，我可以去讀蒙夕市的波爾州立大學（Ball State），它距離我們家約四十五分鐘車程。「妳不可以住校，那太危險了。讀波爾大學的年輕人是什麼德行，我都知道——我們店裡就有很多波爾的學生來打工。而且，我們需要妳在家幫忙。」

「爸爸，那是很好沒錯，可是我……呃，我想讀普渡大學（Purdue）。」

「絕對不行。不可以。我不准。」他搖著頭站起身。

「好啊，不去就不去嘛！」我開口說。正走向後門的爸爸停下腳步，轉身看我。

「不讓我讀普渡的話，你乾脆幫我在雜貨店找一份工作算了，我以後就會變得跟你一樣。我不去讀大學，哪裡都去不成！乾脆一輩子待在這地方算了！」

爸爸沒有動搖。他推開了身後的板門。

◆◆◆

一個月後，我們走在普渡大學校園裡，全家一起參觀大學。城堡般的磚塊建築框住了一片整齊的方形草皮。目前為止，媽媽相當喜歡普渡校園，不過這也不意外，之前就是她一再勸說，說服爸爸一同參加大學的招生活動的。「我們去看看再說嘛。」她這麼對爸爸說。

這天，方院裡人聲鼎沸，全州各地的公司都派人來學校，想方設法招募新一屆畢業生，希望能徵到全國最優秀的工程界新秀。穿著西裝的學生成群走在校園裡，一舉一動都充滿了寧靜但積極的氣勢。在接下來一年，我會知道這場活動叫「工業圓桌」（Industrial Roundtable），不過在此時此刻，這群西裝筆挺的學生顯得相當神奇，而且還造就了運氣極佳的巧合。

「艾克絲頓，我不得不說，這些年輕人真了不起。」爸爸說。「有沒有看到他們體面的打扮？」數小時後，我們行駛在26號國道上，夕陽在我們後方落入地平線，爸爸准許我提前一學期開始修普渡大學的課程。

我並沒有幫爸爸化解誤會的意思，他若想相信我讀的大學裡男孩子天天穿西裝打領帶，我也完全沒意見。

我心想，這些事情他知不知道都無傷大雅。

在當時，我是真心相信這句話。

第二部

16

印第安納州西拉法葉市（West Lafayette）位於波特蘭西方一百英里處，兩座城市同樣座落在北緯四十度線左近，頂多差距百分之幾度。在我的想像中，它們在印第安納州道路地圖上連成一條直線，相距一根手指的寬度。

現實生活中，這兩座城市之間的距離無可量測。波特蘭就是……波特蘭，一個到處是小農場的地方，當地人也大多氣量狹小；西拉法葉就不同了，它是全球首要研究學院的所在處，人口十分多樣，市內建有形形色色的信仰中心，普渡大學主幹道——州街（State Street）——兩側也盡是不同地域文化的餐廳。在西拉法葉，人們主要的交通方式是公車與腳踏車，我相信整座城都沒有驢子。

對我而言，西拉法葉最棒的地方，就是沒有人認識我。在我就讀普渡大學那幾年，學生人數增加到遠超過三萬五千人，在城市定居的居民人數也大約有三四萬人。在這裡，我可以消失在人群中，成為正常人的一分子。我不再擔心會有人躲在樹叢中等著對我不利，也不再擔心下一件壞事會發生在自己身上，而是開始為正常得令人感動的事情掛心，例如如何確保沒有人把我正在洗的衣服偷走，還有適應在公共澡堂裡沖澡。我仍然每天花數小時寫作業，不過這段時間變得安靜許多，不會有吵鬧聲或不祥的敲門聲打斷我。我不想家，只想念我養的那幾隻貓。

我是一月入學，所以沒有新生訓練，也沒有可笑的迎新週活動，沒有學長姊幫助我適應大學校園生活。這都無所謂。我像個假冒者一樣來到了普渡，無論做什麼，我都謹記著一件事：學校並不需要我，但我迫切需要這間學校。我深深明白，這是我改變人生的機會。我選了農業傳播系；過去參加四健會活動的那許多年，我對動物產生了深深的愛，而我也從小就喜歡寫作，小學還贏過一場場兒童寫作競賽，並為此驕傲不已。我想像自己成為《農場世界》雜誌（*Farm World*）或《印第安納農人》雜誌（*Hoosier Farmer*）的職員，寫文章教人怎麼照顧生病的牲畜，或介紹新的雞舍設計。在十八歲的我看來，這是十分遠大的夢想，我做好了竭盡全力朝目標邁進的心理準備。

為此，我花了無數個下午與夜晚坐在寢室書桌前，有時跳過午餐或晚餐，有時乾脆兩餐都不吃。胃裡空空蕩蕩的飢餓令我感到堅強，我吃得愈少，就愈不必向爸媽要錢或向政府借錢。如果每天吃販賣機的蝴蝶餅與學生食堂的沙拉果腹，就能免除負債的壓力，那我願意犧牲飲食。

我住的是限女的溫莎宿舍（Windsor Hall），比起宿舍，這幢高雅的磚樓更像城堡，而我的寢室和其他人的相差不遠，乾淨俐落的白牆，以及擠滿了房間、毫無特色的木製家具。剛獲得自由的那幾個月，令我印象最深刻的，是一個令人心酸的小細節：寢室裡的電話。有時候，我會放下手邊的工作，走到室友的書桌邊，靜立片刻後拿起黑色話筒，舉到耳邊。我會深深嘆息，傾聽簡單平穩的撥號音。

◆ ◆ ◆

東方一百英里處、北緯四十度線上，爸媽的生活也發生了巨變。我離開波特蘭之後短短數月，媽媽在恆達理財的同事——葛瑞格．萊茵霍德（Greg Reinhold）——就因為侵占一名老女人與她兒子將近三十萬美元財產，而被公司開除。爸爸從以前就不喜歡葛瑞格，但媽媽把他當成摯友，她也表示，因為她自己當了吹哨人，所以心裡特別難受。她說，葛瑞格的祕書請她檢查幾筆可疑的交易，媽媽在股票證券這方面不算頂尖，不過她看得出葛瑞格將客戶的錢投入了他自己的生意，這不僅極不道德，還是不容辯駁的違法行為，媽媽表示自己別無選擇，只能將同事盜用客戶錢財的情況呈報給上級。這則新聞被報上了印城的電視新聞與《印第安納波利斯星報》（*The Indianapolis Star*），結果人們知道她和葛瑞格關係親近，本就寥寥無幾的客戶愈來愈少，過沒多久，媽媽也正式被恆達理財開除了。

失去工作的她當然很難過，不過最受打擊的，其實是她的自尊心。媽媽喜歡自稱證券經紀人，喜歡在奧爾巴尼鎮郊的獸醫診所旁那面廣告看板上，看見自己的臉。證券經紀人的工作雖然無比忙碌，風險也高，它還是提升了媽媽的自信。失業後，她立刻開始找新工作，但無論公平與否，媽媽的名聲已經染上了污點，好幾個月過去了，都沒有公司聘用她。

媽媽無事可做，只能不停找新工作與為家中的財政狀況憂心，後來她再次試圖說服爸爸售出農場。我開玩笑說，媽媽花了二十年才好不容易說服爸爸搬家，實際上也只有搬十英里而已；這件事唯一的笑點，就是它的真實性。媽媽想離開那棟屋子，遠離這所謂的「錢坑」，而除了她失業之外，銀行想徵收我們的家、他們還得繳我的大學學費，這些都造成了經濟壓力。她告訴爸爸，搬家之後他們便能開啟新生活，往後就不必背負過去沉重的包袱，也能迎接各式各樣的新機會，爸爸終於被她說動了。媽媽已經想好接下來想住哪了。

媽媽對雷德基鎮（Redkey）南方一間白色小農舍情有獨鍾，她多年來每週多次開車行經農

爸爸和他的美國鬥牛犬——
小牛（Maverick）——
在雷德基農舍的門廊上。

舍，平日會經過，大部分的星期天去敦刻爾克望彌撒時也會經過。比起波特蘭的石灰岩牧場房屋，小農舍長得平易近人許多，屋子外圍還有頗為吸引人的門廊。她知道爸爸會愛上屋子旁邊巨大的紅色畜舍，旁邊也有大片土地可以放牧。最棒的是，這片土地只有目前那塊地的十分之一面積，價錢便宜得多。

爸爸最終接受搬家計畫是出於期待還是無奈，媽媽不是很在乎。某個週末，他們把我從學校召喚回來，要我幫忙清空舊家。我已經好幾個月沒回去了，不過許多方面來說，這感覺是更加漫長的一段時間。我開車行駛在從小看到大的鄉村道路上，實在無法相信眼前的景象變得多麼陌生。

「屋子裡以前就這麼黑嗎？」那晚，我最後一次回到童年的家，開口問媽媽。

她笑了。「妳離家這麼久，都忘了什麼是真正的黑暗。」

我已經習慣作為一名生活在都市裡的無名者了，所以當媽媽把寫著「搬家出清」的牌子插在公路旁、爸爸為此責怪她時，我感受到了荒誕的既視感。

「我們真的要把搬家的事情告訴別人嗎？還是低調一點比較好吧？」他緊張兮兮地問。明明在半年前，這個問題聽在耳裡，我會覺得再正常不過，現在它卻顯得無比荒謬。這是將近百年來屬於我們家族的房子，難道我們要悄然無息地從此消失？

我們辦了傑伊郡史上最盛大的拍賣會，媽媽和艾略特外婆積累了五十年的各種雜物在車道兩旁堆積如山。因為時間有限，爸爸也沒力氣為數千件商品標價，他乾脆從雜貨店帶了蘋果箱回來，讓人自己把他們要的東西塞進箱子裡，一箱賣五塊錢。

那天，我注意到了媽媽身上的變化。每看到一箱雜物被搬走，她的身體似乎就輕了些，彷彿那些是她扛在肩上多年的重量。她需要一個新開始，而在我看來，她馬上就要得到她要的新生活了。

媽媽不僅非常喜歡新家——她堅持要我每逢連假就回家一趟，欣賞她浮誇的室內擺飾——她還找到了新工作，燃起了我未曾見過的青春熱火。她花了三千美元委託人頭獵人幫忙找工作，爸爸為401(k)退休金又一次的支出抱怨連連，不過最後媽媽賭贏了，她被印城的Q95廣播電臺雇用為行銷協調人。Q95電臺是市內最多人收聽的廣播電臺，而且原創晨間諷刺談話節目《鮑伯與湯姆》(*Bob & Tom*)就是出自Q95，該電臺也因此名傳全國。多虧了這突然的轉折，原本只是在金尼咖啡閒話家常的媽媽，開始和羅恩．懷特(Ron White)、約翰．麥倫坎普(John Mellencamp)等知名音樂家與諧星往來。她實際上的業務聽上去簡直像鬧劇，她負責籌辦吃鬆餅大賽與脫衣舞者拳擊賽等活動。

媽媽的穿著打扮漸漸變了。我從小看她花了不少時間金錢試圖改變或遮掩令她羞愧的身體，然而她在Q95上班後，開始穿短裙與貼身、低胸的上衣，展露自己的身材曲線。現在看來，她終於找到了自信，以及令她滿意的一份工作。「在那邊，我是和另一種等級的人共事。」她如此告訴我。

她的交際對象也與以往大相逕庭。在身分被盜用之後，她大部分的友情都逐漸凋萎，但換了新家與新工作之後，新一批朋友湧進了她的生活。我打電話回家時，愈來愈常聽爸爸說媽媽不在家，說是和朋友去餐廳吃飯了。有些是我聽過名字的朋友，像是媽媽以前在恆達時結交的故友美心（Maxine），但也有一些是陌生的名字，就連爸爸也不認識。雖然沒對彼此開誠布公，不過看到媽媽踏入交際圈，我和爸爸都相當高興，這對她、對我們都好。

新家的客廳窗簾總是開著。剛上大學那幾個學期，我甚少問起身分盜竊的事，爸媽似乎終於擺脫了我青少年時期的金融危機。我心想，也許，我們真的成功抵達汪洋的另一岸。也許，那一切終於都過去了。

17

我知道鮭魚粉色信封袋的含意。綠色信封是帳單，暗粉色則是產權相關的通知。憤怒的熱意順著我後頸傳了上來。

我的信箱位於宿舍地下室，雖然從沒收過什麼好消息，我還是會乖乖下去收信。再次看到自己的名字出現在信封上，我心中總會萌生小小的喜悅，不過每隔幾天下樓收信的主要動機，還是為了注意學費的繳費狀況。在扣除獎助學金之後，我們每學期該繳的費用是數千美元。就讀普渡大學是我此生最大的幸事，所以我以管制航空交通的態度，仔細追蹤自己的成績與助學金狀態。現在想來，這份勤勞也許是過往遺留下來的偏執，或者對未來難以言名的預感。

我大步上樓，回到三樓的寢室，然後撥了四位數的電話號碼，打到財務處去。

「貝茲同學，我查了一下，妳目前還欠兩千五百三十四元——」

「不可能啊，我媽媽已經繳費了。」我根本無意掩飾自己的怒火。「一定是哪裡出錯了。」

「就算妳這麼說，我也沒辦法啊。」電話另一頭的聲音疲憊又愛莫能助。

我掛斷電話，穿上網球鞋。財務處就在校區對面，從宿舍走過去不用花太多時間，而我的滿腔怒火能代替外套幫我保暖。

財務處的職員都不怎麼和善，這也合情合理，畢竟大部分的訪客應該都和我一樣，又氣又急，也許還有些不理性。櫃檯後面的女性職員與櫃檯這一邊遊手好閒的人們之間隔了一層鐵柵，辦公室牆面是黯淡的灰色。室外，赤裸的樹木在二月寒氣中戰慄。

「我剛剛有打電話過來。你們說我還欠學費，但我敢肯定我媽媽已經把支票寄過來了，能不能麻煩你們再檢查一次，看看有沒有收到？」

「妳是貝茲同學吧？」對方是個年紀稍大的女士，身上穿著寬大的運動上衣。

我指尖搭著冰冷的櫃檯，看她拖著腳步走近後面的辦公室，這女人顯然不明白事態的重要性。我幾乎能聽見時鐘的秒針一格格前行，逼近我因為積欠學費而被迫退學的時刻。

職員突然回來了，手裡拿著媽媽的支票。原本鬆一口氣的我，看見和支票釘在一起的粉紅色紙張之時，呼吸陡然一滯。我已經受夠了粉紅色紙張。「請沿著走廊走下去，去右手邊的房間。」她對我說。

我踏進隱藏的小辦公室時，女職員在我身後帶上門。這裡似乎是小會議室，牆上沒有窗戶，是個供人嚴肅對談的空間。

「所以呢，妳說得沒錯，妳媽媽的確寄了支票過來。」她讓字句懸浮在我們之間的空氣中，我感覺到謎底朝我迫近。「結果，它被拒付退回了。」

我沒料到謎底會是這句，心臟以熟悉的動作在胸中翻騰。她盯著我，等我設法解釋狀況。「其實，」我意識到她是怎麼看我的，於是放輕了語調。「我們家從好幾年前就一直遇到身分被盜用的問題，這應該也和身分竊盜有關，我媽媽不可能會亂開支票的。能請妳把支票借我看看嗎？」

女職員默默帶我回到她的座位，我現在來到了鐵柵的內側，原來從這一側看去，風景是如此地不同。她桌上擺著一大杯汽水，還有幾張小孩子的照片，我猜是她的孫子孫女；一窺這個女人在陰沉辦公室外的生活之後，我心裡只覺得奇怪。她將支票遞給我。

那是媽媽的支票，姓名、地址和銀行都沒有錯，但那並不是她的字跡，紙上的文字歪七扭八，歪斜的方向完全錯誤。我仔細盯著它，看了良久，試圖猜出這是誰寫的，絞盡腦汁想認出冒牌貨的筆跡。

就這樣，我再次成了賴債不還的傢伙。

◆ ◆ ◆

爸媽經常在星期二來看我，因為爸爸一般在星期二放假。他們會從雷德基開兩個小時的車過來，到宿舍時，上午時間差不多已經過了一半；這時我們通常會去買些生活用品和食材，然後一起去吃午餐。用餐那一個鐘頭，我會把沙拉在盤子上推來推去，就是不吃下肚，同時回答爸媽關於課程與室友的一個個問題。他們可能會在寢室裡和我待一小陣子，媽媽往往驕傲得笑容滿面，爸爸則會因為身邊多是穿著浴袍或睡衣的年輕女性，露出不自在的神情。

我故意等了幾天，等爸媽來看我再提起支票的問題。過去有太多問題被媽媽輕描淡寫地帶過了，這回我可不打算讓她隨便糊弄過去。

「這是什麼？」我直截了當地問，將支票從我的書桌上推到媽媽面前。爸爸快步從房間另一頭走過來，看看我給了她什麼東西，他站在媽媽坐的椅子後面低下頭，兩人一起檢視那張支票。

「唔。」媽媽說。

「這是妳的支票、妳的銀行，全部都跟妳的一樣。有誰會做這種事？怎麼會有人寫空頭支票之後寄過來當我的學費？」我雙手叉腰，走到她身旁。

「看這個筆跡，那個人應該是不想讓人認出是誰寫的。」爸爸說。

「我也這麼覺得。怎麼會有人這樣對我？」

「帕姆，這太莫名其妙了。」爸爸的音量逐漸拔高。「那人是怎麼弄到妳的支票的？」

「一定是有人辦了我的鏡子帳戶（mirror account）。」媽媽說道。

「為什麼要這樣做？」我又問。

「為了洗錢。還有，他們會為了不被察覺，故意偷我們家的信，還有先用這個帳戶繳一些乍看下沒有問題的帳單，再開始洗錢。」她解釋道。

聽起來不怎麼合理，但我腦中浮現了犯罪者的畫面：充斥著菸煙的陰暗房間裡，幫派分子之類的壞人練習用媽媽的名字、媽媽的筆跡簽名。從爸爸臉上的表情看來，他也在想像類似的畫面。

「好，好，你們兩個冷靜一下。你們為什麼要把身分被盜用的事看成個人攻擊？這和我們個人沒有關係。」她拿著假支票站起身，彷彿在保護我們，不讓我們看見動物死屍、不堪入目的畫作，彷彿那是我們不該看到的東西。

「可是媽媽，這和個人有關係啊。這是我的教育！和我個人非常有關係！」我可不打算讓她把我的憤怒無效化。「要是這週結束了，我們還繳不出學費，學校就會逼我退學。」

「天啊，帕姆，這到底是誰幹的？這已經太超過了，我們一定要找人談談。」

媽媽沉默不答。我們三人都很清楚，我們走投無路了，沒有人能幫助我們，也沒有人會告訴我們該怎麼辦。我們只能三個人獨力奮鬥。

就在此時，我突然理解了爸爸這許多年來的感受，他一直想讓媽媽意識到事態的嚴重性，試圖說服她採取行動。不知為何，每次和媽媽對話，每次打定主意要說服她採取行動，我們心中非但沒有勇氣，還感到無比可笑。我們怎麼會傻傻地認真看待這件事呢？怎麼會傻傻地以為這是有辦法解決的問題呢？我知道媽媽不希望我們煩惱，但有時候，我真希望她自己也能煩惱一下、生氣一下。

數天後，在我將被強制退學的短短數小時前，學費終於繳出去了。為了確保我能繼續就讀普渡大學，爸爸賣了幾頭驢子。我天天查看信箱，直到裝在乾淨白信封袋裡的收據寄到。

18

索爾茲伯里街（Salisbury）與羅賓森街（Robinson）轉角處的公寓外貌平凡，就是幾棟矮小的磚塊建築，圍著一片停車場，停車場滿滿都是大學生的汽車，主要是老舊的Beater，還有幾臺中古Beamer。我搭公車到城市的這一邊，是為了看看一間暑期二租的套房。走向六十三號時，六十二號的房門如猛然吹來的陣風，打開了。

「喬莉（Jorie）？」

「艾克絲頓！」

「妳住這裡嗎？」

喬莉來自芝加哥南區，個性堅強。她在聖誕節假期過後被踢出了宿舍，據說是因為在寢室裡開烤肉爐。我們這層樓的宿舍管理員問起此事時，喬莉聳了聳肩，說是別人叫她多多交際的緣故。我挺喜歡她這個人的。

「對啊，就住這裡。」她指向門上的黃銅數字。「妳也是嗎？」

「希望可以在這邊住一陣子。我是來看二租套房的。」

「喔，我今年暑假也打算把公寓短租出去！妳要不要乾脆住我這邊？家具和碗盤什麼的都隨妳用。」喬莉指著隔壁房。「她開價多少？」

「三百八。」

「那我租妳三百就好。」她說。

於是，在我上大學的第三個學期過後，我向喬莉租了她的公寓。我終於離開了宿舍，住進她昏暗的獨立套房，得以享受自己的時間與空間了。窗型冷氣提供了祈禱石般人工的舒適，提醒我每天為不必捆牧草而知足惜福。

話雖如此，我那年夏天還是找了份熟悉的工作，我也學到一件事：只要走進印第安納州任何一間馬許雜貨店（Marsh），報出約翰．貝茲的名字，就會有人給你圍裙，讓你開始工作。我過著忙碌的日子，上午上課、下午打工，但這也是我從小到大最快樂的一段時期。有天，我往鄰居的窗戶望去，發現他們家裡有貓，於是我下定決心在喬莉回來之後，自己也租下一間套房。

結果隔壁公寓在八月中開始招租，我把自己那少少幾件私人物品搬到了離喬莉這棟短短數英尺的隔壁棟，在開學的幾天前搬進了新住處。我的東西不多，但再過不久，肥滋和陽光（Sunny）就會過來陪我。某個星期二，爸媽帶著貓咪和一堆二手家具來了。

我入住後幾天，收到了電力公司的來信。我之前打電話把這間套房的電費繳費者改成自己的名字，當時公司代表機械式地完成了流程，並向我確認過我會從哪一天的幾點開始用電。那之後，我就沒再想過用電的事。然而現在這封信告訴我，由於我的信用分數太低，我必須先付一百美元押金才能用電。我畢竟是領最低時薪的打工族，再怎麼不樂意，還是能理解電力公司那邊的考量。我也才十九歲而已，能有多少信用分數？

我注意到信件底部一串電話號碼，我可以去電請他們把我的信用報告寄來。我從沒看過信用報告，更不用說是我自己的了，所以，出於好奇，我撥了那支電話。

◆ ◆ ◆

在學校漫長的一天終於結束了，痛楚在我外眼角扎了根，頭痛隨時可能萌發。明明短期未來還有好幾個鐘頭的功課等著我去完成，但在步行穿過公寓外的停車場時，我還是滿懷渴望地考慮先睡個午覺再說。此時此刻，我最不想面對的，就是對折後塞在我家信箱裡的牛皮紙信封袋。

我無奈地哀嘆一聲，將它從信箱裡拔出來……信用報告有這麼大一份嗎？**應該是附了各種指示吧**。我心想。我恨不得把信封丟在家門口，暫且忘了它，不過我還是盤腿坐上家中的綠花紋二手沙發，倚著扶手撕開了信封。

我的人生中，有幾個近似電視機壞掉的瞬間，現實彷彿在我眼前閃爍、躍動，這一刻便是如此。它在我腦中留下了慢動作的記憶：我的手指滑到信封蓋口下，感覺黏膠被我撐開、厚牛皮紙破成鋸齒狀的撕口——我所理解的存在，就在那最後難以抹滅的感官中灰飛煙滅。然後，銳利的紙緣確確實實躺在我手中，我的存在被另一種存在取代了。我有了新生活、新身分。

信封裡沒有任何指示，只有和期末報告差不多厚的一疊報告書，滿滿都是用我的名義刷的信用卡費用，以及以我的名義借貸的討債文件。探索銀行（Discover）、第一銀行（Bank One）、美國第一銀行（First USA）。陌生的數字與日期寫滿了好幾張紙，宛如某種我看不懂的外語。第一張信用卡是在一九九三年辦的，當時我十一歲；那是爸媽身分遭竊的那一年。

我的信用評分是三百八十，在那一瞬間，我還寬心地以為那可能是好事吧，畢竟在學校，滿分是一百分嘛。結果，我看見附在一旁的說明，原來三百八十分在全美國是第二百分位數，幾乎沒有分數比我更低的人了。

我癱軟在沙發扶手上，大腦奮力運轉，試圖理解那些荒謬的數字。**他們一定看得出有問題——我那時候還是個小孩子，不可能做這種事啊。**淚水刺痛了我的臉頰。**對我做出這種事的人，究竟是誰？**

我打到媽媽最近新買的手機，原本放在廚房凳子上的古董終於得以退休了。

「我以後什麼都買不起了！」我哭哭啼啼地說。「不能買車，也不能買房了。」

「艾克絲頓，我們會想辦法的。」她正在從印城回家的路上，我聽見她那輛Park Avenue的低鳴聲，以及69號州際公路的車聲。

「媽媽，怎麼會有人對我做這種事？為什麼要這麼做？」

「艾克絲頓，沒有人對妳做什麼，他們只是弄到了妳的身分資料，然後利用了它而已。他們不是針對妳。」

「媽媽，這感覺就是在針對我。」

爸爸的反應無比激烈，話筒都差點被他吼壞了。「這是在跟我們過不去！一定是有人跟我們有仇。」我想像他坐在雜貨店小小的辦公室裡，周遭牆上掛著一面面夾板。「要是讓我查到是哪個混蛋幹的好事，我就宰了他。」

我不希望爸爸宰任何人，不過相較於媽媽的反應，他的回應感覺恰當許多。無論如何，他們兩人都沒什麼辦法幫助我，我已經看著他們如上鉤的魚兒，徒勞無功地奮力掙扎了多年，卻一次也沒能奪回在《驢與騾》被竊之後跟著消失的人生控制權。

我天真地以為自己已經抽離出他們的生活，可以遠遠看著（當然，還帶有同情）他們的困境，安安全全地待在古雅的大學城，守著自己的好成績與兩隻愛貓。即使支票被拒付，我最終也不會有事，因為我可以控制自己的命運。這並不是我第一次被迫面對自己的天真，也絕不會是最後一次。

19

一九九八年，《身分盜竊及冒用防制法》（Identity Theft and Assumption Deterrence Act）通過，身分盜竊在美國聯邦的定義下正式成為犯罪行為，但該法案沒什麼實質影響力。在法案通過之前，身分盜竊被視為對金融機構的犯罪，機構因無人繳付費用而損失收益，至於被犯罪者以自身名義進行詐欺、人生被毀的人們，卻未得到法律的保護。《身分盜竊及冒用防制法》改變了這點，它無法幫助執法者逮捕罪犯，不過一旦罪犯被捕，該條法律就設立了徒刑與罰款的基準，並給予生活受到影響的人一個別具深意卻又相當好用的新稱呼：**受害者**。

我痛恨身為受害者的感覺，我爸媽才是受害者，我可不想當身分被竊的受害者。我想當個鬥士，奪回自己的信用評分、自己的身分、屬於我的一切。

我坐在我的康柏（Compaq）桌上型電腦前，身下是一張摺疊椅。我在搜尋列輸入「身分盜竊救助」幾個關鍵字，前幾條搜尋結果之一是一篇不算太舊的ＭＳＮ文章，教人如何將身分盜竊案報告給警方。文章中寫道，地方警察往往缺乏資源，無力對不同轄區的犯罪者提起訴訟，我讀了連連點頭。媽媽說過，她已經對傑伊郡警局反應多年了，問題是，對我們家的犯罪多發生在郡外，傑伊郡的警察無能為力。如此看來，我們的案子沒有進展，似乎也情有可原。

我信心滿滿地開車前往位於戰場鎮的州警駐點——事後回想，我有些自信過頭了——準備將身分遭竊的情況報知警方。這些警察管的是全印第安納州，針對我們家的犯罪行為都發生在本州，所以州警應該有辦法幫幫我吧？我彷彿在搭旋轉木馬，腦中閃過了警匪追車與槍戰的畫面。

我駕輕就熟地開著一九八八年Park Avenue——這是多虧了從小駕駛拖拉機的經驗——行駛在蜿蜒的43號公路上，開往警局。

戰場鎮是座很小的城鎮，之所以名為「戰場」，是為了紀念北美印第安戰爭（Indian Wars）時期影響深遠的蒂佩卡諾戰役（Battle of Tippecanoe）。時任州長的威廉・亨利・哈里森（William Henry Harrison）率一千名士兵來到了戰場鎮，在可以俯瞰印第安人要塞的山脊上紮營。哈里森擔心軍隊受印第安人奇襲，所以命令士兵全副武裝，排成應戰陣行休息；果不其然，特庫姆塞（Tecumseh）的軍隊在凌晨四點左右將哈里森營團團包圍，而哈里森的人馬已經做好了迎戰的準備。血戰過後，哈里森大獲全勝，他們將印第安人的村落燒成白地，毀了他們在村子裡找到的過冬物資，慶祝此次大捷。

這天，我駛入戰場鎮，本以為會看見血腥歷史所留下的證據，也許土地留下了某種傷疤，顯示過去在此喪命的人數之多。然而，我看到最戲劇化的景色，就只有映著秋季早晨天空的火紅樹葉。城鎮本身不過是一條鐵軌左近幾棟兩層樓建築，警局更是其貌不揚，長得就像個前面插著美國國旗的灰色鞋盒。

我抓著信用報告，彷彿它是我準備朗讀的講稿，然後走了進去。我再次來到了玻璃隔窗前，和前檯的警員相隔一層玻璃。除了這個職員以外，整幢建築似乎空無一人。

「小姐，需要什麼幫忙嗎？」原本在閱讀文件的警員抬起頭。

「你好，對，我需要幫忙。我是艾克絲頓．貝茲，有人盜用了我的身分。」

警員看著我，等我說下去。

「這是我的信用報告。」我把那疊紙張推到玻璃下的開口。「那些信用卡都不是我辦的，我也沒用它們買任何東西。」

警員看了看報告，看了看我，視線又回到了報告上。他一個問題也沒問，就只靜靜翻閱信用報告，然後開始在電腦上輸入筆記，從報告書第一頁複製了我的姓名與住址。兩三分鐘的沉默過後，他將文件從窗口推回來，還附了一張紙。紙上有個被圈起的案件序號，以及以下這句話：「未知嫌犯以受害者名義辦信用卡。」

就這樣。

「把這個拿給債權人吧。貝茲小姐，祝妳好運。」說罷，他的目光回到了電腦螢幕上。警方對我這起身分盜竊案的調查，就這麼開始，這麼結束了。

回家路上，我望向窗外俯瞰沃巴什河的和緩山丘，那是哈里森的部隊耐心等候的地點；我想像他們瞪大了眼睛、握著槍枝坐在黑暗中，等著他們知道會來的突襲。我的童年也和惡戰的那一夜有些相似，我一直一直保持警醒，偏執地等著別人來傷害我。結果，我也沒有因此而少受了點傷害。

◆ ◆ ◆

我早該知道不能指望別人幫上忙的，我們家這許多年的危機與痛苦之中，又有誰幫過我們了？我將絕望一把推開，像是在推開不吸引人的飯菜。我不會放棄。

我再次閱讀感覺已經讀過百來次的信用報告。我上網查過，美國第一銀行已經被某個財團收購了，但探索銀行的信用卡有號碼可以撥打。我又一次將信用報告備在手邊，這次還多了警方的案件編號，輸入十個數字，準備幫自己討回清白。

「那些錢不是我花的，這張卡開卡時，我才十三歲而已。」

「貝茲小姐，妳能提出什麼證據嗎？」

「我可以把案件編號給你。這是一起身分竊盜案。」

「在發生身分竊盜案時，犯人開了卡、把卡刷爆之後就走了，這張卡繳過兩次卡費，那之後就沒再繳費了，這又是怎麼回事？」

我不知該如何解釋才好。

「我也不曉得，但那不是我。」我忽然意識到自己的聲音在電話上顯得好幼小，在陌生人聽來，這一切想必顯得不可思議。

我努力修復信用——很多時候是白費力氣——的同時，見識了負債生活的困難，我背負了不屬於我的債務，光是存在於這個世界上，便艱難無比。我成了他人的獵物。我的信箱開始塞滿債務催收公司寄來的信件，厚厚的信封袋塞爆了信箱，還有律師試圖催我償還不屬於我的債款。冰箱旁便宜的塑膠電話每天響起多次，有一回，狀況糟到我花錢請電信公司幫我換一組號碼。我享受了短短數週的安寧，但那之後，討債公司又追查到了我的新號碼。

債務催收公司會以低價向銀行與其他貸方買下債權，只有在討回債款之時，他們的賭博才算成功（成功了，就有可能賺入數萬美元）。然而，為了從可能沒錢的人身上擠出錢財，他們會用上一些不甚光彩——甚至是違法——的手段。有討債者威脅說要打給我的鄰居或雇主，希望我能在羞恥心的驅使下乖乖還債（這是違法的）；也有討債者威脅說要扣押我的薪水（這並不違法，但在沒有庭諭的情況下也不可能辦到）。討債者經常請你提供親友的聯繫方式，如此一來，他們就能說明情況，建議親友把錢借給你。有些討債者甚至會說服債務人寄填了事後日期的支票過去，設法取得帳戶與匯款資訊等隱私。

我回想家中沒有電話的青少年時期，漸漸意識到，當初失去了和外界的電話聯繫，造成了多大的打擊。我們不僅無法打給外界，外界的電話也打不進來，債權人無法打給我們，我們也無法得知是否有人以我們的名義刷卡。我逐漸看清了犯罪者精密的布局，內心幾乎被敵強我弱的絕望吞噬。

儘管如此，我還是堅持了下去，堅決不償還屬於他人的債務。媽媽叫我別開催繳通知，要我在信封上寫「**查無此人，寄回送件人**」，我也對吵鬧的電話鈴響免疫了。我心想，無論盜用我身分的人是誰，我一定會給他們好看。我幻想著將犯人拖進警局，或抓去探索銀行的商務辦公室。

「這就是盜用我身分的混蛋——就是這坨屎。」我會這麼告訴他們。「這下你們總該相信我了吧？」

20

我彷彿被什麼人或什麼東西追趕，光速讀完了大學。即使學校放假，我也極少回老家，每學期儘量把課表填得滿滿的。眼看自己轉眼就要畢業了，我開始考慮將來。

這段時期發生了兩件事，令我心生猶豫，不知是否該離開大學這個帶給我安全感的繭。第一件事：經濟狀況一落千丈。我看著同學們無奈地接下販售穀種的委託案，而且這些還是運氣比較好、找得到工作的同學。我可不想出去賣穀種，也沒興趣在私人機構上班，我想影響別人的人生，而不是影響少少幾個人的銀行帳戶。我應該比較適合在農業合作推廣體系工作，但要做那種工作的話，我就需要碩士文憑。

那時發生了第二件事：我得到了教學機會。我修了優等心理學課，我們每個人都必須輪流幫普通心理學課的學生授課，大多數同儕想到要站在講臺上授課都緊張不已，我卻感到相當輕鬆自在。長久以來，我的智力（以及內在的控制欲）一直讓我感覺像對自己的阻礙，然而在那天，這些人格特質卻像是我的才能，它們也的確逐漸成了我的才能。問題是，如果要在大學教書，我需要的就不只是學士學歷。

綜上所述，我並沒有決定讀碩士班，是碩士班選擇了我。從我的學士科系銜接到農業經濟所似乎最自然，於是我申請了農經。在普渡大學，農經如同競爭激烈的體育競賽，我落選了。即使當時的我深受打擊，沒申請上農經所其實是對我日後事業最有助益的事件之一，這次的失敗，給了我探索其他選項的時間與動機，我也因此莫名其妙地進了消費者科學與零售產業研究所。我之前在網路上找了那麼多幫助不算太大的文章，現在，它們給了我靈感。

我像個在獄中修得法律學位的囚犯，我將在試圖爬出身分被盜用的泥沼同時，研究身分盜竊。既然逃不了，那我就正面迎擊吧，也許在研究的過程中，我還能揪出害慘了我們家的犯人。

◆◆◆

儘管信用評分慘不忍睹，還有大批討債者成天煩我，我還是慢慢感覺自己成了貨真價實的大人。我有了學位，有了汽車（雖然是破車），我住在公車站附近的公寓，還會自己買衛生紙。而且，我錄取了消費者科學與零售產業研究所。如此一來——根據媽媽的說法——我只缺一個丈夫了。

我個人滿足於和肥滋與陽光同居的生活，我所需的愛，牠們都給我了。但是，媽媽堅稱二十一歲的我已經是老處女，在訂婚之前，我不算個有擔當的成年人。她告訴我，她自己年紀輕輕就成婚，得到了人生中的圓滿，在我自己得到那份滿足之前，我是不會懂的。我沒對她說，她和爸爸似乎已經很久沒過上滿足的生活了。

話雖如此，我還是擔心她說得對，也擔心根本不會有人想和我結婚。我從小聽媽媽說要用化妝品掩飾自己的臉、把歪斜的牙齒矯正回來、把扁塌的頭髮弄得更蓬鬆一點，她告訴我要注意自己的飲食、多多微笑、更常穿裙裝。到了此時，我逐漸意識到，在我人生中關鍵的青少年時期，媽媽把她對自己所有的不安都投射到了我身上……但這並不表示她那些話語的衝擊有任何一分虛假。我心想，怎麼會有人想和我在一起呢？我之前也斷斷續續和人交往過，從沒發展出認真的關係；肥滋和陽光從沒對我帶回家的男生產生過好感，我把牠們的反應視為某種徵兆。

我心不甘情不願地在雅虎（Yahoo!）交友網站上申請了帳號，也許如此一來就能讓網路上的某個人愛上我，在我們實際見面時，說不定他可以直接忽略我的牙齒與穿著打扮。前幾週，我心不在焉地和幾個男孩子聊了天，但總覺得這些人都有或大或小的缺點，最終，我找到了名叫羅伯（Rob）的男生，發現自己不時會想到他、念著他。羅伯住在拉法葉市的河流對岸，傳過幾則真誠且感興趣的訊息給我，他不是遊手好閒的傢伙，而是個正在攻讀化工博士學位的研究生。起初，我們在線上聊得很輕鬆隨意，分享了各自家中貓咪的小趣事，結果沒過多久，我們透過電話聊了起來，一聊就是好幾個鐘頭。

我的公寓有著前人居住時留下的種種痕跡，以前的房客在牆上留了星星點點的釘孔，廚房盡是褪色的黃色塑膠貼面；整間公寓從一九七〇年代完工至今，一直沒有重新裝修。這時，我用的是小時候那臺貓咪形狀的電話；媽媽為雷德基的新家買了新的一套客廳家具後，喜孜孜地將原本那張萬聖節色沙發給了我，貓咪電話就擺在萬聖節沙發旁的茶几上。我躺在這張沙發上，貓咪電話平衡在耳上，和我未來的丈夫認識得愈來愈深。

嚴格來說，我是認識了羅伯，但他認為他沒真正認識我。他在日後告訴我，我和他對話時彷彿在填寫問卷，每一個問題都用單一字詞回答，也儘量不提供事情的來龍去脈。他當然不知道，我如此謹慎小心是因為不習慣讓他人接近我，我從小在迫不得已與爸媽的指示下，成了閃爍其詞的專家，每當別人對我提問，我的直覺就認定他們心懷不軌。雖然這不再是意識層面的反應了，我仍舊擔心自己開誠布公地將自己的生命經歷分享給別人，他們就會用那些情報對我不利。所以，每當羅伯問起我爸媽或我的童年，我都必須將險些衝口而出的「你問這個做什麼？」吞回腹中，我一次都沒想過，他問這些純粹是因為他真心想認識我。

我不願意道出自己的故事，但還是很樂意傾聽。羅伯分享了他研究所朋友與同學的故事，以及他們參加的壘球聯盟；他在密蘇里州的老家有三個兄弟姊妹，每個人都很聰明，其中一個姊妹拿了體育獎學金在讀書，他爸爸則是工程師。他用言語勾勒出正常又幸福、不為金錢困擾的家庭，我擔心他得知了我們家真實的狀況，會對我做何感想。

我們馬拉松式的對話持續了兩個月後，雙方約好第一次見面約會，羅伯邀我去他的公寓，說要下廚幫我做一頓飯。晚餐前那幾個鐘頭，我全身神經繃得和鋼絲一樣緊，實際上心裡還是雀躍萬分。既然只是要待在屋子裡，我決定穿牛仔褲，我也沒把鬈髮綁起來。

來到羅伯家，晚餐已經準備好了。從很久以前，我就不再在別人面前進食了——這又是一種控制生活的機制，也是因為我的飲食習慣相當有問題——但今天是例外。羅伯的公寓裡，地板吸得很乾淨，灰塵都擦過了，公寓小小的，不過十分整潔，滿室飄著百里香與奧勒岡葉的芬芳。他站在廚房裡，擠窄的空間更襯托出他高大的身形，他身上穿著彩格針織短褲與T恤。我不記得當時是怎麼和他打招呼的了，但我敢肯定，我們初次見面的招呼想必是簡短又羞澀。

我們在羅伯的棕色彩格沙發上吃他準備的什錦飯，我發現他的沙發比我的更醜、更不舒服，暗自鬆了口氣。坐沙發就像是陷入凹洞的感覺，所以我選擇坐地板，我們將餐盤放在咖啡桌上，雙方開始努力找話題。羅伯的書架上擺滿了工程書與科幻小說，還有CD、DVD與其他生活小物，都可以成為我們的話題。聊了沒多久，話題又接回先前關於他家人的對話，以及他其他的人際關係。我聽他描述自己理想的童年與關係親密的家庭，心中再次充滿了擔憂。

我早已習慣與眾不同的感覺了，除了身分盜竊的污點之外，我也隱隱察覺到，身為鄉下中低產階級的小孩，我和其他人的童年相差甚遠，這點總是如附骨之蛆，怎麼也不肯離我而去。大學時期，我開的是里程數高的破舊汽車，先是媽媽以前的一九八五年紫褐色Crown Victoria，接著是一九八八年的別克（Buick）Park Avenue，還有一臺最惹人生厭的米黃色一九九五年Oldsmobile Cutlass——它的消音器爛掉了，我又沒錢換新的，只能開著它在震耳欲聾的聲響中到處跑，結果被警察告知我違反了噪音條例。

「妳知道妳這臺車沒有消音器嗎？」警員問我。

「有啊，」我就事論事地說。「就在後車廂。」

在平時，我很擅長將這種感覺拒之門外。我從小在簡單的生活與種種需求中長大，花了一輩子假裝自己的家庭和其他家庭一樣和樂，然而此時此刻，我坐在這張沙發上，面對我喜歡的男生——一個全程自己動手幫我做晚餐的男生（我只會煮加熱食品）——我赫然發覺，現在的風險比平時高得多。我必須告訴他。

「我很想和妳再約第二次。」碗盤清空，關於最愛的電影與研究所朋友的話題聊盡後，羅伯對我說。

「這個，」我說道。「你可能要再考慮一下。」

於是，我將自己家中的狀況告訴羅伯，說到我們身分被盜用的經歷，說到爸媽的窮困潦倒——以及我自己的貧窮。他眉頭也沒皺一下。

「妳一定是過得很辛苦吧。」每聽完一段故事，他都會不帶恐懼或嫌惡地說出類似的話。

每個人都有極限，我心想。我只是還沒找到他的極限而已。

到現在，我還不時會收到傳票，因為有人用我根本沒辦過的信用卡花了錢，卻沒有繳卡費。

「真的嗎？太倒楣了吧。」

爸媽從以前就教我要提防陌生人，以致我十四歲時提刀趕跑了水電工。我們和親戚們關係疏遠，還懷疑盜用我們家身分的人，就是親戚當中的某人。

「妳經歷了好多困難。」

我每天接到好幾通債務催收公司的電話，電話鍥而不捨地一波波襲來，我通常會直接把話筒從架上拿下來。我讀高中時，有一晚警察還找上門，說是媽媽犯了支票詐騙罪，他們要來逮捕她。我躲進了自己房間的衣櫃裡，直到爸爸說服副警長那一切都是誤會、都只是身分盜竊案的一小部分，我才敢出來。

「妳那時候應該很害怕吧。」

道出每一句話的同時，我都努力做好心理準備，準備面對羅伯的驚駭或拒絕。然而，羅伯倘若對我們之間發展更進一步關係可能造成的混亂有任何一分擔憂，他也沒表現在言行之中。

「妳一直很努力想解決問題吧？那是什麼樣的感覺？」他問道，彷彿在朗讀「聽到噩耗時的完美回應」手冊。

那晚，我離開羅伯的公寓前，和他安排好第二次約會，胸中盈滿了寬慰。我沒想到這個人沒被我嚇跑，我可是真的很努力想嚇跑他呢。我走向我那臺吵得要命的舊車，享受心中小鹿亂撞的感覺。

過不久，我們開始每週五、每週六晚間約會，又過不久，我們正式成了情侶。在羅伯身邊，我從不覺得自己是次等的人，也從不擔心自己的外表或言行舉止是否不恰當。更重要的是，肥滋和陽光喜歡羅伯，他第一次來我家，兩隻貓就在他腳踝邊磨蹭不停。看樣子，我找對人了。

◆ ◆ ◆

當然，一段感情中不只有兩個人，如果要建立貨真價實、雙方投入的感情，那就必須面對對方的家庭與生活模式，進行磨合與妥協。在一段關係中，你必須犧牲一些屬於自己的時間，用來支持你的伴侶。你必須接受對方的包袱，當成你自己的包袱；你們還必須一同參加別人的婚禮。

媽媽得知我在和羅伯交往，並得知我將去聖路易斯市參加他姊妹的婚禮時，她自己突然成了一切的中心點。她拖著爸爸千里迢迢來學校附近，就只為了帶我去買合宜的洋裝與鞋子，搞得好像我不會自己挑衣服一樣。她在公路商業區一間時尚甲蟲（Fashion Bug）服裝店裡，硬是幫我選了件黑洋裝，還挑了雙腳踝繫帶、很不舒服的黑鞋給我，我簡直成了灰姑娘故事裡某個可笑的角色。她願意為我花錢，我是很感激沒錯，但這一番整裝下來，我也感到羞窘、被輕視，也不再像先前那麼興奮了。

婚禮本身十分美好，新娘與新郎散發出滿滿的喜悅與幸福，但我無法誠實地說我玩得很愉快。我迷失在自我憐憫的迷霧中——哪有人會花錢幫我辦婚禮？羅伯的家庭感覺這麼無憂無慮、這麼幸運幸福，我怎麼可能融入他們家？羅伯爸爸的親戚問我今年參加了幾場婚禮時，我回道：「零——我們家的人很少結婚，通常都在離婚。」

我獨自坐在桌前，面前擺著一塊碰也沒碰過的蛋糕。這時，羅伯輕輕搭住我雙肩。

「我們來跳舞吧。」他微笑著說。

21

到了下一個學期，差不多是時候提出碩士研究主題了。我絞盡腦汁思考，試圖挑出單一研究題目，找出我能有所貢獻的學術脈絡。在當時，關於身分盜竊的研究少得可憐，所以我的選擇之廣，就如印第安納州的大豆田。

如果非要誠實面對自己（與輔導我的委員會），那麼，其實我心中揮之不去的問題是：**是誰對我做了這些？**但這當然是個充滿了偏見又不科學的題目，我不可能以此為論文題目。於是，我決定研究人們對於身分竊盜的態度、他們的防範方法，以及這些想法與行為在城鄉之間的差距。事後想想，我幾乎沒隱藏自己的動機。我下意識小心翼翼地定下了這組限制，以便回我從小生長的鄉下社群——波特蘭——進行調查。我也許是希望自己能在過程中讓身分盜竊犯明白，我可不打算放棄，我會一直追查下去。

我的助教獎學金不夠多，沒辦法支付列印並寄出問卷的費用。我問媽媽能不能出點錢幫我做研究時，她神情駭然地告訴我，她和爸爸這年已經沒有多餘的錢了。

「媽媽，犯人可能也會收到我的問卷喔。」我得意地告訴她，對於我們必須自掏腰包做研究，我根本不以為忤。

「妳太執著了。」她斷然說道。不過，至少，爸爸對我的研究頗感興趣。

進行研究的過程中，我發現自己真的想讀博士班。我們對於身分盜竊的認知實在太過淺薄，該學的還有好多好多，而且雖然學術界有少少幾份身分盜竊相關的研究，卻幾乎沒人發表關於兒童身分盜竊的論文。我知道自己能填補這個缺口……當然，我也能藉機將自己的暗中調查延長四年。指導教授告訴我，如果要申請上好學校的博士班，我的履歷表上就不能只有「零售業櫃員」這一項，於是我開始廣撒履歷，申請社群創立與組織領導等工作，希望自己申請上了之後，人們會認為我是個比起金錢更重視內在收穫的人——這就是研究生的必備條件。

我應徵上了美國志願隊（AmeriCorps）[1]的義工發展工作，如此一來，我就能稍微延長償還學貸的期限，並在完成研究的同時賺點錢。與此同時，我必須放棄都市生活，回到一個和波特蘭差不多沙塵滿布、逐漸凋零的農業城鎮。

伊利諾州哈瓦那市的天際線，基本上就是幾座鏽跡斑斑的穀物筒倉，以及一座當地知名的磚塊水塔。大街兩旁是一棟棟一度華美的維多利亞式建築，街道盡頭則是船隻下水用的滑道。今天的哈瓦那經濟蕭條，但它過去享有「小雷諾賭城」（Little Reno）的稱號，伊利諾河的河畔曾停滿賭船。艾爾．卡彭（Al Capone）[2]過去是哈瓦那的常客，這座城鎮也以傳奇般的酒宴聞名，不過我抵達哈瓦那時，鎮上最令人興奮的事，就是新建的河濱公園。這地方令我聯想到媽媽破舊的香格里拉——印第安湖。

我在市政府工作，住處離工作地點不到一個街區，那是一幢老舊的醫院所改建成的公寓，大小有點尷尬。入住數週後，信箱出現了出乎意料的東西：信用卡廣告。當時我二十三歲，還是第一次有銀行寄信用卡廣告給我。

我深深明白，除了設法消除身分被盜用時出現的一筆筆款項之外，我還必須建立良好的信用紀錄，抵銷不良紀錄。目前為止，我一直沒機會這麼做，所以我欣然辦了信用卡……但那是間有點可疑的次級貸款公司，刷卡上限是三百美元，年費卻是六十九美元，超過上限的五分之一。即使年利率百分之二十九．九九，我辦的新卡仍算是白金卡；我真不敢想像那些只有資格辦金卡，甚至是銀卡的可憐蟲，究竟是遭遇了什麼悲劇。

◆◆◆

才過幾個星期，我的車就像老舊的木製雲霄飛車一樣，開始喘不過氣、搖搖晃晃了。那臺破車修了也不划算，但憑我的信用評分，要買新車應該很困難。我徒步前往哈瓦那的兩家車行，

1 美國志願隊是一項公民志願社會計畫，創於一九九四年，旨在讓成年公民為社區提供公共服務工作，至今已有超過二十五萬名會員參與。

2 艾爾．卡彭（一八九九－一九四七），綽號「疤面」（Scarface），是美國知名黑幫分子，芝加哥犯罪集團老大。

兩家都說我需要找人合簽。

「沒辦法啊，我沒辦法找人合簽，我爸媽身分被盜用的問題比我還嚴重。」我回道。人們得知我的狀況之後，往往會表現得震驚不已，一個個瞇起眼睛、狐疑地歪頭，同樣的表情我早已看得不耐煩。我儘量踩在委婉與堅持之間的界線上，實際上卻只想大力搖晃他們的肩膀，湊到他們面前大喊：「我說的是實話！」

「抱歉，妳還是需要一個能和妳合簽契約的人。」和我談話的兩個銷售員在我印象中合為一體，吐出了一模一樣的話。

我垂頭走回辦公室，憤怒地咬牙切齒。我絞盡腦汁，試圖解開又一個絕望的問題。我擔心在沒有車的情況下，我就無法去找羅伯了——之前我離開西拉法葉、前來伊利諾州，他也搬回了聖路易斯。這一路上，他一直大力支持我，即使他必須花長時間開車才能見到我、即使他的夜晚寂寞孤獨，他仍然鼓勵我追尋自己的目標、自己的野心。我們的遠距離戀愛才剛開始不久，我們也天天講電話，但我還是想見到他本人，而非一直等他抽空來找我。當我再次彎腰駝背地坐在辦公桌前時，我距離解決問題的方法依然很遠很遠。

哈瓦那的市政廳曾經是間銀行，寬敞的房間過去也許有過一段輝煌的日子，牆上掛著大大的空拍照片，各種紀錄都保存在我辦公桌後方的老舊金庫裡。不過，市政廳和這座小鎮上大部分地方一樣，迫切需要鋪新地毯、上新一層油漆。辦公空間裡亂七八糟地擺了幾張桌子，供工作人員與志工使用；我個人偏好在比較私密的空間辦公，但我也相當喜歡辦公室裡的同事情誼。

忽然間，一組鑰匙在令人吃驚的叮咚聲中，落在了我面前的桌曆上。我抬起頭，只見市長站在面前，身上仍穿著在鑄鐵廠上白班時的服裝，包括腳上那雙鋼頭靴。

「怎麼了嗎？」我若無其事地問。我很清楚他此舉是什麼意思，但從小受到的教育告訴我，無論如何都不可以接受他人的施捨。

「聽說妳需要車。」他昂起灰色眉毛說。

「我沒關係的。」我硬擠出笑容，將鑰匙推了回去。

「把我的鑰匙拿去，這週末開我的車去看車吧。」今天是星期四，這表示市長願意把他的車免費借我四天。

「不行啦，這樣不好。」我羞愧地說。看不出他此舉是出於善意還是憐憫（兩者我都不是很喜歡），也不知自己究竟該心懷感激還是覺得自己被冒犯。

市長祕書是個身材寬闊、年紀較大的女性，她從大辦公空間的前頭插話：「妳應該沒別的選擇了吧。」

我赫然發現，她說得有理。

星期六早上七點鐘，我出發開往距哈瓦那一小時車程的伊利諾州首府，春田市。一路上，我特別注意速限，謹慎到了誇張的地步，一再檢查這輛車陌生的盲區。我的問題已經夠多了，我可不想把市長的車撞毀，惹上更多麻煩。

春田市規模不小，有好幾間車行，我花了約三小時一家一家問過去，連車都沒看一眼，先請銷售員確認能否賣車給我再說。

「妳可能得請人合簽喔。」每個銷售員都輕快地說，彷彿成了針對我一個人的失望合唱。

我又開了半個小時去往東方的迪卡特市，第一家車行架了攤位在賣車。我走向攤位時，銷售員積極地迎了上來，我不知是出於絕望還是疲勞，忍不住脫口說出：「你們願意讓我貸款的話，我今天就買車。」

男人看著我的眼神，混雜了驚訝與同情。他消失在了攤位的棚子下，幾分鐘過後出來告訴我：「我們可以幫妳辦特別的貸款，我們也有專門賣妳這種有資格申請特別貸款的車。」我對信貸的認知告訴我，他口中的「特別貸款」並不是好的那種特別，但我的新車總算有著落了。

有一次，在我搬離波特蘭前不久，我大約晚上十點半下班回家的路上，撞上了一頭鹿。我當時運氣好，離城市邊界不遠，附近還有一些人家，我可以向他們借電話打回家。那時夜已深，爸媽已經睡著了，廚房凳子上的手機響了又響，就是無人接聽。我把自己記熟了的電話號碼一一打了個遍，終於找到願意去敲窗戶叫醒爸媽、請他們來接我的人。

也許是那場車禍的緣故，也可能是因為我從小就開四分之三噸的吉姆西一廂半貨車長大，我從以前就對大車情有獨鍾，總覺得它們比較安全。銷售員讓我看一輛可用特別貸款買的

Crown Victoria時，我直接買了下來。

銷售員帶我到棚子裡完成交易，並告訴我，我需要合簽人證明我的收入無誤。

「就只有收入部分嗎？」我確認道。

年輕銷售員點了點頭。儘管他腋下冒出了半月形汗漬，我還是想緊緊抱住他。

星期日晚間，我試圖將汽車還給市長，並分享了自己買到可靠的新車，但要等星期二才能取車的好消息。他告訴我，我可以繼續開他的車，等週二晚上再還他，又或者「妳想什麼時候還我都行」。這就是哈瓦那人的親切熱情。

◆ ◆ ◆

第一次開新車長途旅行，是為了去林肯市搭火車往芝加哥。我這次是去參加工作相關的會議，這種活動多辦在沒什麼特色的飯店舞廳，桌上總是鋪著筆挺的桌布、擺著被人們遺忘的一杯杯水。一整天下來，我參加了無數次團隊默契活動，聽了無數場勵志演講，無聊到開始懷念在雜貨店裡將商品上架的日子了。

那晚，我在芝加哥近郊的旅館下榻，花了點時間翻閱芝加哥電話簿，尋找表姊蜜雪兒（Michelle）的名字。表姊的年紀比我大得多，從十多年前艾略特外公的喪禮過後，我就沒和她見面了。我打了電話簿上每一位「蜜雪兒．羅莎莫」（Michelle Lothamer）的號碼，直到電話另一頭出現她熟悉的聲音。「天啊，艾克絲頓！」她驚呼道，讓我聯想到從前在漢堡王打工時，和親友透過得來速重聚的場面。

隔天晚餐時間，我驚恐地聽她解釋我們兩家人長年斷絕往來的原因。

「第五還是第六封信被退回給寄件人以後，我們以為妳媽媽不想再和我們往來，所以就放棄了。」

我對她解釋郵政信箱、雜誌失蹤、斷了電信服務的電話等等事件，邊說邊等著蜜雪兒和其他人一樣狐疑地歪頭、驚疑不定地瞇眼看我。當我見她沒有這類的反應，我提議再點一輪酒菜。

22

身分被盜用的前幾年過後，爸媽不再猜測幕後黑手的身分，而是將大部分精力用來撥接電話還有安排和什麼人見面，只求可以提出信用卡的交易糾紛記錄、尋求救助，並確保家中的電燈不會突然熄滅。不知從何時開始，身分盜竊不再是事件或現象，成了更像是人格特質的東西，定義了我爸媽的身分。他們以各自的方式內化了這場危機——爸爸變得沉默寡言，將所有心力投注於愈來愈廣闊的牧草田，以及他的驢群；媽媽則死命否定有人對我們犯罪，一再堅稱犯人不是針對我們、這很快就會結束，彷彿只要這麼說，她就能逃離我們身為受害者的情緒苦難。

決定以身分盜竊為研究主題時，我發現自己也選擇將過往的經歷吸收到自我，成為我這個人的一部分。研究生通常會以各自的研究領域定義自我，只要參加研究生聚會，別人問你的第一句就是：「你在做什麼研究？」說來諷刺，我雖然在許多方面厭惡形塑了我人生的犯罪行為，現在卻選擇用這種犯罪塑造自己今後的人生。有人操控了我在社會上的身分——我的社會安全號碼、信用評分，甚至是我的**名字**，這些真實的身分面向都受犯人擺布——而現在，犯人還形塑了我的內在，改變了我這個人、我在乎的事務，以及我的日常生活。我經常思索，假如我們家的身分沒有被盜用，我現在會是做什麼的？我會研究什麼呢？我會找什麼工作呢？我將所有時間都用來修正罪犯對我們家造成的衝擊，但犯罪行為對我造成的機會成本損失呢？要不是遇到了身分盜竊事件，我過的就是與現在完全不同的生活了——這樣的傷害又該如何計量？

我告訴自己：只要揪出犯人，我們失去的一切、我錯過的一切可能就有那麼一點點值得。如果故事的最後是以正義制裁或某種贖罪收場，那就不會是悲劇了。這些損失的機會成本都無所謂，反正我會得到最棒最棒的機會，完勝自己錯過的一切。

我的研究有所進展，我理解了身分盜竊犯常見的特質。這些人經常衝動行事，會在無力付帳的情況下花大錢購物，而且他們經常依賴藥物，或許有不為人知的第二個身分、第二個生活。我利用自己蒐集的零星資訊，再加上媽媽過去提出的陰謀論，開始列舉懸疑人。早期的一張嫌犯列表，長得倒像是我們想邀來參加我畢業派對的賓客名

爸爸與媽媽，二〇〇九年。

單……不過我們已經多年不和親友聯絡，也多年沒辦這種派對了。

爸爸的哥哥，哈羅德（Harold）。哈羅德和爸爸沒有聯絡，我也從沒見過他本人。媽媽說他會吸毒，而且還在郵局上班，所以根據我的研究結果，他是我心目中的頭號嫌疑人。媽媽以前懷疑過他，但爸爸不以為然，畢竟他們兄弟倆已經二十多年沒再聯絡，哈羅德現在有什麼理由來傷害我們？

爸爸的妹妹，麗莎。爸爸和麗莎從小在艱苦的環境下共患難，關係非常親密。麗莎經常買新車，她和她丈夫也經常外出旅遊，媽媽不時會提出疑問：他們領的是製造業員工的薪水，哪來的錢買車和旅遊？

我們家南邊的鄰居，懷特納克（Whitenack）家。他們似乎以在跳蚤市場賣二手貨維生，媽媽總是稱他們為「巡迴演藝團」，還說他們長得像罪犯。有一次，我看到她將某個假戶頭的信用卡帳單拿給爸爸看，從我偷聽到的對話聽來，上頭的款項包括了俄亥俄州西部各處的加油費，從北方的印第安湖到南方的辛辛那提都有。媽媽堅稱那一帶有很多跳蚤市場。

媽媽的朋友，妮拉（Nila）。妮拉和她丈夫之前蓋了間馬舍，令媽媽震驚不已。「妮拉沒有全職工作，她老公做的是工廠的爛工作，又花一堆錢買酒，他們哪來的錢蓋馬舍？」媽媽如此說過。此外，媽媽從以前便聲稱妮拉「想搶爸爸」。我心想，也許妮拉是為了成為媽媽，盜用媽媽的身分。妮拉以報稅員的身分幫媽媽辦事，做了好一陣子，她在那段期間想必接觸到了我們家大量的個人資訊。

媽媽名聲掃地的前同事，葛瑞格。媽媽說過，葛瑞格從客戶的證券戶盜用錢財時，也負責管理我爸媽的投資帳戶；葛瑞格盜用錢財的事跡敗露後，爸爸堅稱他就是害慘了我們的犯人。而且，媽媽說她去銀行問過之前那張被拒絕支付的支票的事，經理告訴她，有個金髮或淺褐色頭髮的女人經常進出銀行，以帕姆．貝茲的名義辦事。葛瑞格的太太有著金髮，麗莎姑姑的髮色也偏淺。

嫌疑人名單被我和研究內容分開來存放著，放在另一個資料夾裡；這是我個人的調查，不能和學術研究混在一起。話雖如此，我每次學到關於身分盜竊犯的特徵，就會一次又一次回來查看這份名單。

然而說到底，它就只是一張紙罷了。紙上潦潦草草寫著幾個名字與註記，在沒有私家偵探或警方幫忙調查的情況下，這張紙也沒什麼意義。我們家長久以來和親友斷絕了往來，我總不能現在大搖大擺地回到他們生活中，要求他們回答犯罪相關的問題吧？名單上的一些人現在應該已經忘了我是誰，有些甚至打從一開始就不認識我。

所以，我一直沒機會有條理地刪去嫌疑人，沒機會獲得用鉛筆劃掉這些名字的滿足感，也完全沒體驗到信心滿滿地圈起某個名字、確信自己找到了犯人的欣喜。名單只有愈來愈長，最後寫滿了一張筆記紙的正反面。童年的無助與偏執，宛如暫時緩和的疾病，在我心中蠢蠢欲動。

23

到了準備申請博士班的時候，我實在高興不起來。光是申請碩士班就很困難了，因為無論是我的GPA或GRE成績都和平均值相差不遠；我心知博士班是自己的歸屬，但還是做好了收到拒絕信——以及面對被拒絕後的未來——的心理準備。我告訴自己，很多人一輩子都在做無法給他們滿足感的工作，爸媽就是如此。也許，這就是為什麼我打定主意要走上不同的路。

哈瓦那的那份志工發展工作令我大開眼界，雖然美國志願隊與市政府的眾人十分好心，我仍然懵懵懂懂地過了好幾個月，一直不清楚自己的責任與目標為何，似乎沒有人知道我為什麼去那裡上班，也沒有人知道我是去做什麼的。而且，辦公室實在太過枯燥無趣，我都快瘋了，我痛恨坐在辦公桌前，整天盯著時鐘。我渴望回歸新奇有趣的學術界，但過去數月，我的博士班申請資料一直被我束之高閣，在我家中書房的書架上積灰塵。

在市政廳度過特別糟糕的一日後，我回到家，直接從前門走到電腦前，甚至連停下來脫外套的時間都省下了。我明白，我必須利用此時此刻深深的不滿足，一舉推開被拒絕的恐懼。我不確定接下來的申請費該怎麼處理，但我總得做些改變，總不能長期做著和現在類似的工作。老實說，我實在無法想像自己從事別種工作，在我的幻想中，我回到了教室——無論是坐在座位上，還是站在講臺上，只要在教室就行。

有一段時間，我一直在考慮愛荷華州立大學（Iowa State）的家庭與消費者科學教育（Family and Consumer Sciences Education）研究所，因為這是間低修業研究所，即使我接不到助教工作，無法用助教獎學金抵學費，還是可以找一份全職工作、自己繳學費，再用零碎時間修課。我又選了幾間候補學校，速速寫了繳付申請費的支票，看來這個月只能少買一些菜了。這天晚間，斜陽下的社區籠罩著橘光，我拿著幾個信封袋去到馬路對面的郵局，還真不曉得自己會不會放棄寄出申請書，直接轉身回家。但最後，我還是把它們寄出去了。郵筒蓋上的瞬間，深深的懊悔在心中沉澱，我像小孩子一樣踢了藍色郵筒一腳，希望它將我浪費掉的錢吐回來。我深信自己不可能被錄取，甚至沒把自己申請了博士班的消息告訴羅伯。

◆◆◆

羅伯下次來哈瓦那找我時，天氣寒冷刺骨，伊利諾河面形成尖銳的一塊塊寒冰，從都市鬧區漂過，我公寓地下室的暖氣則使空氣乾燥難耐。羅伯才剛踏進屋，我就撲了上去，感覺到他外套口袋有個結實、方形的東西頂著我的肋骨。我笑著退開。「那個是什麼啊？」我問他。

羅伯花了幾個月思索人生的下一步該怎麼走，這段時期，他住在密蘇里州的老家。他的決策有一部分取決於我，既然我還不曉得接下來該何去何從，他也還未下定決心，但我們討論過結婚的事。一晚，在講電話時，羅伯問我喜歡哪種訂婚戒指，我說自己喜歡簡單、不貴的東西，這話在我未充分就業的男友聽來，簡直是天籟。

羅伯沒脫下大外套，而是提議去河邊散步，我在穿鞋時感受到了心癢難搔的期盼。我們牽手走在跨越大街、俯瞰河流的行人天橋上，當時天寒地凍，鬧區空無一人。

我和羅伯記憶中的求婚臺詞不太一樣，我聽到的是：「和妳交往，有時候不太輕鬆。」但他對天發誓，他的前言應該是：「我們經歷了不少風風雨雨。」總之，他單邊膝蓋跪在了天橋的木板上，從胸前口袋掏出了那個結實的方型物品。

「艾克絲頓，妳願意嫁給我嗎？」

「我願意！」我大喊著拉他起身，給他一個狂喜的擁抱。冰凍的河川緩緩流動，聲音似乎放大了許多，全世界都為我們激動不已。

我們在哈瓦那境內，羅伯最喜歡的小餐館「棚車餐廳」（Chuckwagon）慶祝，在訂婚的喜悅光環下，女服務生一個個看來貌美如花，褪色的壁紙簡直高貴非凡。

晚餐後，我撥了通電話回家，媽媽激動得達到了前所未聞的音量。「噢，太棒了！這真是天大的好消息！」我微笑著欣賞手指上的小小鑽石，這還是她第一次為我感到如此高興呢……也是因為她如此開心，接下來的話語更是令我震驚。

「我覺得你們不應該辦婚禮，」她說道。「別浪費這筆錢了，你們直接住在一起就好了吧！」

她的語氣不變，我高昂的情緒卻突然跌到了谷底。

「等等，妳說什麼？為什麼？」我用拇指轉動無名指上的戒指，直到鑽石朝向手心。

「那太浪費錢了，更何況，妳也沒什麼人可以邀請啊。」

「我沒什麼人可以邀請？這又是什麼意思？我們可以辦一場小小的旅遊婚禮啊。」明明是我負責主辦的婚禮，我不太懂自己為什麼正在取得媽媽的同意。

「還有啊，在教堂辦婚禮的話，羅伯那一邊都會是他的親朋好友，妳這邊就只有我和妳爸而已……可能還有美心和賈瑞特（Garrett）吧。」她說得理所當然，彷彿這是我本就該明白的道理。

「羅伯想辦婚禮，他的家人應該希望我們辦在教堂。」

「那妳打算邀請誰？麗莎嗎？我告訴妳，我到現在還是懷疑她就是盜用我們身分的人。還是妳想邀請妮拉？我們不能信任她們啊。」

我意識到，媽媽可以一直這樣說下去，一個個列出我們認識的人，然後一個個提醒我，我們和他們的關係是多麼疏遠。也許她說得沒錯，也許規劃婚禮只會為我帶來心痛與羞辱。那晚，她並沒有成功說服我，但那之後數年，媽媽大概每個月都會提起她希望我們不要辦婚禮的事。

面對未知的未來，以及為婚禮意見不合的雙方家庭，我們的婚禮一拖再拖。過一段時間，這也不再重要了，畢竟羅伯與這枚美麗的戒指，就是我所擁有的兩件寶物，我要是想得到更多，那不就太自私了嗎？

24

我花了好幾個月，等待拒絕信寄來。這時，我已經習慣收到信用卡、研究所與工作上的拒絕了，但被人否定的感覺還是不好受。

羅伯向我求婚的數週後，在初春的一個溫暖日子，我打開信箱，看到愛荷華州立大學寄來的薄薄信封。我的心立刻沉了下去；薄薄的信封一定是拒絕信。我把信件當飛盤丟到沙發床上，不知這封信會用哪一種「您好，非常遺憾……」作起手式。我走進廚房找喝的，拿杯子裝自來水時，忍不住轉身怒瞪那封不祥的信。**早死早超生**。我告訴自己。

我深吸一口氣，拆開信封，等著承受打擊。

「恭喜！」第一句是這麼寫的。這一句我讀了好幾次，才終於將它翻譯成胸中清楚明確的喜悅。我錄取了博士班——還可以當助教、領獎學金——換言之，我不僅可以去讀書，還不會讀到破產。

接下來一個月，我又收到更多錄取信，沒有任何一間學校拒絕我。

◆◆◆

入學愛荷華州立大學之後，我當了助教，必須輔導家庭與消費者科學教育研究系的大學部學弟妹。這份工作我相當在行，不久後，我能幫助身分盜竊受害者的消息傳了出去，我的導生開始建議信用卡被盜刷或遇到助學金詐欺事件的朋友來向我尋求幫助。二〇〇八年，我獲得了美國家庭與消費者科學協會傑出導師獎（American Association of Family and Consumer Sciences Outstanding Advisor），逐漸在事業上闖出了自己一片天地，體驗到前所未有的成就感。

與此同時，我也對未來可能指導我的幾位教授提出自己感興趣的研究題目：我想對兒童身分盜竊受害者進行質性研究，分析身分竊盜事件對這個族群造成了何種衝擊。換言之，身分盜竊對孩童造成了哪些經濟、心理與情緒上的影響？這和我的碩士研究一樣，部分出於私心，但也有部分是為了加深我對自己的認識。我不再為此感到愧疚——也許是因為我成了經驗較豐富的學者，也可能是因為我長大了，不過在讀博士班的那些年，我開始從偷了我身分的無名者手中一步步奪回對自己人生的掌控權。我在改變，這現在是屬於我自己的故事了。

我找到了指導教授，開始在上課與工作之間的時間慢慢雕琢出論文題目。沒想到後來我的指導教授退休了，家庭與消費者科學教育研究所又發生了行政管理上的異動，讀到博三的我突然失去了原本的學術家庭。那之後，我找了新家，就在我辦公室同一條走廊上……我加入了人類發展與家庭研究所（Human Development and Family Studies）。

人發所的教職員比以前的教授更支持我的研究方向。我慢慢找到了國內一些童年經歷過身分盜竊、直到長大成人才發覺真相的受害者。這些人是我的研究對象，不是朋友，所以我必須注意自己的言行，不能同情他們，或分享自己的經歷；儘管如此，他們還是深深啟發了我——其中一人並不憤怒，但也有一個人追著犯人到了美國另一頭，甚至還登門和犯人對質。我和過去一樣靜靜等待，仔細研究訪談紀錄與研究筆記，找尋關鍵的資訊，滿心希望自己也能得到救贖，甚至在哪天有機會敲敲犯人的門，向對方興師問罪。

我的研究助我踏上了研討會的講臺，我也不時加入業界會議的專題討論小組。我在美國消費者利益委員會（American Council on Consumer Interests）與美國家庭關係委員會（National Council on Family Relations）研討會上發表演說，也曾在愛荷華家庭與消費者科學協會（Iowa Association of Family and Consumer Sciences）與伊利諾消費者教育協會（Illinois Consumer Education Association）研討會上演講，甚至還有人邀我為明尼亞波利斯聯邦儲備銀行（Federal Reserve Bank of Minneapolis）開發網路研討會。

通過專業綜合測驗後，我只差論文交差就能開始工作了。我第一次面試，便應徵上了我要的工作。

二〇一一年夏季，我收拾行李，準備搬去伊利諾州查爾斯頓市。下學期，我將作為助理教授，開始在東伊利諾大學（Eastern Illinois University）任職。

25

到了離開艾姆斯市那年夏天，我已經以身分盜竊領域專家之姿接受了報紙與電視新聞在這方面的訪談。我很想告訴你，這純粹是因為我名聞遐邇，但實際上事情之所以會如此，完全是因為我太囉嗦。隨著我在學術界領域的聲量逐漸大了，我漸漸注意到電視新聞聯盟與地方小報在報導身分盜竊案時，經常犯下一些錯誤，也經常遺漏一些關鍵。眼看著這些錯誤或令人誤會的資訊，此時，已把身分盜竊研究視為自身責任的我會忍無可忍，寫電子郵件給文章作者或記者，指出他們的錯誤，並表示自己願意幫助他們糾正錯誤。在那之後，新聞業者紛紛積極地聯繫我，畢竟身分盜竊領域的專家仍然十分稀有。

能幫助需要這些資源的人——像是多年前在西拉法葉的我自己——感覺真的很棒，而其中一次訪談更是意義深重。

二月一個狂風呼嘯的日子，我駛進印城鬧區一片裝有鐵門的停車場，這裡是WTHR十三臺電視頻道的辦公室。我沒把汽車引擎熄火，讓暖氣繼續吹，然後抓起剛才在同一條街上二十四小時營業的沃爾格林連鎖藥局（Walgreens）買的Cheerios穀片，試圖讓緊繃的神經放鬆下來。我抬頭仰望巨大的天線，回想起小時候趴在客廳橘色的地毯上看電視，看太久之後手肘被地毯刺得又熱又痛。我想起自己說過的話：「我總有一天會找出對我們做這些事的人，以後我們就不用再過這種生活了。」以及爸爸讚許的：「希望可以。」那晚，我們一如往常地在看WTHR頻道的晚間新聞。「大家都會聽我的話；我會上第十三臺，跟別人說這件事。」在爸媽眼裡，第十三臺就是世界上一切的真相。

十七年後的今日，我將手機平放在膝蓋上，開了擴音，輸入媽媽的手機號碼。去電轉到了媽媽的語音信箱。「嗨，媽媽，我現在在第十三臺的停車場。等一下我就會去電視上討論身分盜竊，完成我小時候的目標了。」說話的同時，我知道她能聽出我語音中的笑容。「希望盜用我們身分的人也看得到。」

最後一次檢查頭髮與妝容都沒問題後，我下了車，面對熟悉的印第安納冬季。訪談過程約兩個小時，實際放上節目的部分卻只有兩分鐘。

◆◆◆

數週後的春假，我和媽媽在奧爾巴尼她最喜歡的小餐館用餐。我們在停車場相擁時，雪花在我們周圍紛飛。我們踏進奧斯邦餐廳（Osborn's）——媽媽和女性友人與老客戶常來的廉價飯館——在這種中西部小酒館，八卦總是像鹽與胡椒似地被到處傳遞。才到門口，潮濕的空氣便帶著濃濃的肉汁與雞蛋味迎了上來。我們走到靠後的雅座，在紙桌墊與厚厚的瓷釉咖啡杯前入座。

「喔，妳看，『我的農夫』也來了！」

我轉頭望向媽媽指的方向，心中有些困惑——「她的農夫」不就是爸爸嗎？一群明顯是農人的男人，聚在小餐館前頭一張小餐桌前。

「誰啊？」

「我幫你們介紹介紹吧！」她已經站了起來。

我跟在她身後，繞過一張張放外套的椅子，終於來到那群男人的桌位。他們每個人都帶著一種熟悉的笑容。

「艾克絲頓，這是我的農夫朋友！我對他說過不少妳的事情喔。」她讓到一旁，讓我和這位陌生人握手。即使在隆冬時節，男人曬黑的皮膚仍有著皮革的質感。

「小姐，很高興認識妳。」

「我不是在馬里昂市開商品課嗎？他幫了我很多忙。」媽媽解釋道。她這學期才剛接了這份副業，以略懂農業期貨與期權的證券經紀人身分授課。

「啊。」我不知該如何回應才好。我感覺到其他男人熾熱的視線燒穿了我，有幾個人在竊笑。應該是老男人不知該怎麼和不到三十歲的人互動吧。

「我前幾個禮拜叫你看第十三臺，你看了嗎？艾克絲頓的訪談有上電視喔！」

我微笑著點頭。

「我只看第八臺。」這位新朋友對我說。起初，我還以為這是笑話，但他並沒有回應我的笑容。

「好啦，你們繼續吃飯吧，不打擾你們了。今天能遇到你，好開心啊！」媽媽拉著我的手臂，帶我回到我們的桌位，接著邊吃午餐邊和我分享最近的地方八卦。

春假期間，我和爸媽住在雷德基。我已經好一陣子沒回家了——先是寫論文，後來又開始當全職教師，時間全被占滿了——不過我從許多通電話中得知，這一年對爸媽而言，是轉變很多的一年。聽他們的說法，我離家上大學後，小時候那些令人心臟狂跳的危機——登門來訪的警察、房屋取消贖回權的通知——大多消停了，但討債電話仍照樣打來，帳戶欠款通知與庭諭仍天天出現在媽媽的郵政信箱。除此之外，在人事異動過後，媽媽失去了她深愛的Q95電臺工作；起初她被重新分配到前檯當櫃員，主要負責處理在熱線競賽中贏得了演唱會入場券的聽眾，但後來她連這份不怎麼體面的工作也丟了。她從高處一落千丈，不過看到她豁達的模樣，我其實十分敬佩。失業後，媽媽先是在Q95的廣告公司工作，後來去了家有線電視公司，接下來在農具店當了一陣子的櫃員。

從我小時候到現在，媽媽在事業上從沒有過滿足感。在我進行碩博士班研究之時，我漸漸理解了做著自己所愛的工作是什麼感覺，也體驗到了找到天職的快樂。媽媽似乎從沒有過這種感覺，這令我有些難過。這段時期，我儘量多陪她說話，希望能在哪方面幫到她。

「如果我有碩士學位，能做的工作就不只這些了。早知道以前就去讀碩士班了。」一天晚上，她對同樣坐在餐桌前的我說。在家中飯廳的吊燈下，她顯得更加蒼老，白髮從染過但褪色的頭髮之間露出，宛若裝飾聖誕樹的金屬絲。

「媽媽，妳聽我說，我已經快三十歲了，妳不能再把我當藉口，也不能再把爸爸當藉口了。是時候做妳想做的事了。去申請學貸，花兩年全心全意讀書，然後找一份妳真正喜歡的工作。」

媽媽從數十年前便對我直言不諱，現在，輪到我對她說真話了。

媽媽嘆了口氣，呶了呶嘴。我知道她嫉妒我在學術界的成功，也一直以自己大學時期的成就為豪，因為在那個被男性主宰的領域，教授們一再表示她不屬於那裡，她最後卻證明了自己。

「可是妳爸——」

「誰管爸爸怎麼想，妳去做妳想做的事吧。」

我們的母女關係很不尋常——這已經是我們最近似交心的對話了——但我也以我們之間開誠布公的態度為傲。

當媽媽再次入學波爾州立大學，攻讀成人與高等教育碩士學位，我感到更加驕傲。這次就連爸爸也支持她，他說，學校開學時，媽媽長年的壞脾氣漸漸消失了。只要媽媽開心，爸爸就跟著開心。

至於爸爸，他也經歷了工作上的變化，他當了將近二十年生鮮部門經理的雜貨店關門大吉，他被派去另一間分店當生鮮部門的副經理。就我對爸爸的認知，他完全不適合當任何人的副手，他可是徹頭徹尾的老大。最後，他被派去另一家分店工作，繼續當他的經理。

儘管事業又回到了原本的軌道，他還是告訴我，他心裡非常擔心，主要是擔心媽媽的健康狀況。媽媽已經不舒服好幾個月了，除了肌肉痠痛之外，雙腿還會像在做反射測試一樣，突然亂踢亂動，而且這經常在她開車時發生，令人憂心不已。在那之後，她開始在夜間盜汗，醫師表示這不過是更年期造成的。後來，她經常發燒，醫師收回了前見，提出她可能心臟有問題的理論。有時媽媽會告訴我，她感覺自己被下了毒。我遠在離家四小時的查爾斯頓，沒辦法幫上什麼忙，但我還是時常打電話回家，主要是讓媽媽知道我有在想她。

26

在伊利諾州查爾斯頓市，美東的闊葉林化成了遼闊的草原，以及一個個方格拼湊而成的田野，一路延伸至洛磯山脈。這是座比艾姆斯還小的小城市，但還是比波特蘭與哈瓦那加起來還要大。查爾斯頓最值得一提的居民，是七千多名東伊利諾大學的大學生，以及亞伯拉罕・林肯（Abraham Lincoln）的鬼魂。在這裡，林肯的存在再鮮明不過，就在他的木屋、他父母的農場、他和史蒂芬・道格拉斯（Stephen Douglas）雄辯的法院——他就是在那場知名的辯論中，釐清了自己對於種族平等的矛盾心理，以及相關論題。

剛抵達查爾斯頓時，我心中充滿了開始第一份「真正的」工作的興奮，以及總是如影隨形的焦慮。我確實完成了學業、通過了考試，但我還沒寫完論文，如果在東伊利諾大學教書的這一年內沒有正式拿到博士學位，我就保不住這個飯碗了。幸好這座城市沒太多令我分心的事物，它和我過去待過的許多中西部城鎮差不多，鬧區同樣有著鏽跡斑斑的些許魅力，公路兩旁當然也設有成排的速食餐廳。現在就連羅伯也在距離我三小時車廠的闊德城附近，開始他的第一份正式工作。我們知道未來會結婚，但我們也保持務實的態度：先在事業上站穩了腳步，其他的晚點再說。到了此時，我們早已習慣遠距離戀愛了。

某方面而言，我在學術界打滾了十年，不過在東伊利諾大學工作是我第一次接觸著重教學的大學，在這裡，教授一般來說都是每學期開四門課，我一時適應不來。研究雖然也是必要的工作，但它的重要性不如教育與服務，有時我甚至感覺同事們看到我致力於研究，還會暗中評判我。他們告訴我，研究令我分心，我「真正的工作」是授課，以及參與各種以學生與院系為中心的委員會。我很快就學會把研究計畫藏在心裡，並開始找尋校外的合作機會。白天，我是盡職的教師與職員，到了夜間，我又成了學生，廢寢忘食地精進自己的學術能力。事後想想，我應該感覺自己被撕成了好幾塊碎片，不過這也是我早已習慣的感受了。

二〇一二年夏季，在東伊利諾大學當了一年的助理教授後，我受邀加入一個全國性的研究團隊，團隊宗旨是以現象學角度研究家庭中的老人金融剝削。這份工作與我的博士論文密切相關，我感覺自己能在團隊中幫上忙，於是便接受了邀請，開始和其他團隊成員合作演講與發表文章，在校內則儘量保持低調。

說來真巧，團隊上一些成員預計在印城一場全國研討會發表演說，而我也將在那場研討會上獲得兒童身分盜竊研究與擴大服務活動相關的獎項。這會是特別感傷的一次頒獎典禮，因為爸媽也會到場。我知道媽媽身體不舒服，從雷德基坐兩個小時的車到印城對她而言是一大挑戰，不過我們在飯店大廳會合時，她雖然氣色不佳，還是顯得很開心。那晚，我們拍了合照，我得意地舉著獎狀，爸媽站在我兩旁，媽媽笑得合不攏嘴。

◆◆◆

我的成績單上寫著「二〇一二年八月四日」這個日期，就是在這一天，我正式成為艾克絲頓．貝茲博士。這本該是我生命中最美好的日子之一，但我至今仍印象深刻，我不過是將完成論文這份漫長的苦差事，換成了更加痛苦、更折磨人的另一場馬拉松。

八月一日，媽媽來了電話。那是伊利諾州一個熱氣蒸騰的日子，在這天，冬季感覺不過是遙遠而不可思議的回憶。媽媽說她好像起了汗疹，但真正令她憂心的，是上臂多肉處一個葡萄柚大小的腫塊。

「我覺得可能是癌症。」她說。

爸媽和我在美國家庭與消費者科學協會頒獎典禮。

我花了好幾秒，在腦中咀嚼這句話。媽媽怎麼可能得癌症？她可是所向披靡的超強力量，我一次也沒想過，她其實也是凡人。但這時，另一個想法闖進我腦海：媽媽五十六歲了，外婆不就是在五十六歲時死於乳癌嗎？這會不會是我們家族的詛咒？媽媽是不是壽命已盡？

她告訴我，她過幾天會去給新醫師看診，相信這位醫師能找出病根。結束通話時，我努力讓自己感受到她的信心。

接下來發生的事情一片模糊，一通通驚慌的電話接連打來，日夜混融成了一體，我彷彿隨時拿著電話度日。

爸爸說，在我和媽媽通電話的隔天，她就開始感受到劇痛與呼吸困難，必須送去印城的醫院急診，接受專科醫師的治療。他們上了車，但媽媽無法撐到印城——她感覺自己快死了。於是，他們在蒙夕市就停了下來，她進了波爾紀念醫院（Ball Memorial Hospital）。接下來的四十八小時，是一系列的抽血與檢驗，醫護人員想盡辦法解開困擾了媽媽多月的怪病症。忐忑等待吞噬了大量時間，我明明有那麼多工作得完成，卻怎麼也沒辦法在書桌前坐下來工作。

最終，爸爸打電話將結論告訴我。

「他們覺得她的問題是血液感染，不是癌症！」

相信他在電話另一頭，也能聽見我長舒一口氣。

「她應該會住院一個星期，所以我會回家幫她拿衣服。」

既然爸爸足夠樂觀，願意讓媽媽獨自在醫院待一兩個鐘頭，那，我應該也終於可以放鬆了吧？她只是血液感染而已，過幾天就會好了，我可以繼續安排下學期的課綱了。然而，十五分鐘後，電話又響了，這次是媽媽打來。

「所以啊，正式的診斷出來了。」她虛弱地說。

「我知道──我剛聽爸爸說了！妳的血液被感染，過大概一週就沒事了！」

那之後是數秒鐘的沉默，宇宙彷彿需要花一些時間重新排列組合。我的寬慰轉變成了絕望，我的現實發生了巨變。

「我得了白血病。」

我雙腿發抖，像是險險避開了車禍。我緊緊握住電話。

「他們這邊沒辦法處理，之後會用救護車送我去印城的印第安納大學健康醫院。」

沒道理啊。我什麼都聽不懂了。「不對啊，媽媽，爸爸說妳只是血液感染而已，過一個星期就會好了。」淚水滾落我的面頰，我走到屋子後門，打開了門，午後空氣卻依然悶熱，沒有任何一絲微風。

「艾克絲頓，我不是被判死刑，白血病是有辦法治好的。」

那之後又是好幾通電話，爸爸來了一通，我也打了一通給羅伯──我已經不記得我們說了什麼，即使記得，我應該也不會想回想起來。

博基特氏急性淋巴性白血病（Burkitt's acute lymphoblastic leukemia）在美國十分罕見，每年確診人數大約只有兩千人。這種淋巴瘤十分棘手，但如果及早診斷出來，還是有辦法治療。媽媽說得沒錯，確實有些病患活了下來，可是我們家經歷了一輩子的厄運與不幸，網路上查到的統計數據如果要套用到媽媽身上，那未免樂觀過頭了。

我切了電話鈴聲。現在的我，實在無法再和任何人交談，無法再承受任何消息了。我的焦慮不停增長，和過去在禮拜堂一樣，和上動物科學課的那天下午一樣，我恨不得脫一層皮下來，逃離自己的身體。我坐在門廊上，拍打試圖叮咬我的蚊蚋，直到夕陽西下，然後我在樹木的枝椏間找尋星星。我的心中，有什麼東西微微一動，接著，我開口對星辰說話。

「我不知道你們在什麼地方，但如果你們聽得見我的聲音，」我不用細想，就知道自己是在對外公外婆說話。「請派援軍過來，因為現在就只有我和爸爸兩個人，我們沒辦法自己熬過去。」

我想起和媽媽在印第安湖度過的那天下午，想到她開車在附近社區尋找自己的父母，彷彿能巧遇走在街上的他們。看見外婆閃閃發亮的珍珠項鍊，以及身穿西裝褲的外公。我不知道她那天是否有找到了父母的感覺，或者以某種方式聯絡上了他們，但現在，我只希望她那天成功了，希望我們和去世的外公外婆仍能保持聯繫，希望他們能像拚命想拯救他們的媽媽一樣，用盡全力拯救她。

我也不管鄰居會怎麼想，就直接把氣墊床充飽了氣，放到門廊上。只有在戶外，我才有辦法正常呼吸。從這一晚開始到之後的數月，我每夜都只能斷斷續續地淺眠。到了黎明時分，我被哀鴿縈繞心頭的哭聲喚醒，手裡仍緊握著沉默的電話。

27

我的人生中接下來六個月，許多重要時刻——至少，是我還記得的重要時刻——都發生在手機裡。它就像我童年那臺放在凳子上的手機，很多時候，我覺得它是我唯一的重心。我和羅伯儘量撥空找對方，我也忙著授課，但只有爸爸幫我更新的消息對我造成深刻影響。手機成了我身體的延伸，我甚至修改了課堂上使用手機的規定，從「絕對不行」改成「我們每個人都有非處理不可的要事」。我經常在課堂上接爸爸的來電，以防萬一。

◆◆◆

「在印大醫院住三十天，然後在家待兩個禮拜。」爸爸這麼告訴我，彷彿在背誦新的時間表。「她會在住院的時候接受化療，回家的時候，就去蒙夕做門診化療，這樣持續六個月。」

那是我睡在門廊的數天後。我喜歡這項計畫，喜歡它嚴格的時程；在這動盪不安的時期，規律再重要不過。

「醫生說她存活的機會是百分之八十。」爸爸儘量樂觀地說。我知道他已經疲憊不堪，過去幾天不知繞著印第安納中部跑了幾趟：照顧媽媽、去雜貨店上班、回農場幹活、休息幾個小時，然後再全部重來一輪。百分之八十聽上去不錯，也許媽媽說得對，也許白血病並不是絕症。也許，她也能成為成功存活下來的病友之一。

我叫爸爸保持樂觀，多多休息。

◆◆◆

「這是客人給我的書——這本書教人怎麼用天然療法治療癌症，不用用到那些化學藥物和輻射線。」他有些興奮地說。我坐在伊利諾家中的沙發上改作業，暗自慶幸爸爸看不見我此時的白眼。他從以前就吃得很健康，不僅極少吃肉，還很少碰加工食品。

「我想說服她試試全天然飲食。她現在其實也沒辦法吃東西，因為下顎太痛了；我幫她買了臺忍者牌（Ninja）果汁機，果汁機已經在家裡等她了——」

「爸爸，你真心相信媽媽會願意吃天然飲食嗎？」媽媽可是出了名地挑食，我和爸爸吃蔬菜時，她總是皺著鼻子吃肉。她聲稱自己的飲食習慣是源自她的中西部人家教養，也自稱是個「吃玉米長大的女人」。

「她如果想活下去，就願意！」

我默默聽他說明另類醫學的種種益處，心裡則想著不知道媽媽什麼時候會打電話過來，嫌惡地對我抱怨爸爸提出的飲食計畫。

◆ ◆ ◆

「妳看得到妳媽的臉書（Facebook）頁面嗎？」

「看不到，她設定成私人頁面了。」我沒告訴他，我其實可以在臉書上加媽媽好友，但是我不想。我沒有要隱藏什麼的意思，只是想避免她窺探我的隱私，或者在我的貼文底下留一些丟臉的留言。我覺得，我們母女倆的數位生活還是涇渭分明來得好。

「她每次都在用那臺該死的電腦，到底是有什麼事情，她非得用那麼久不可？我從畜舍或是店裡回到家，她就用最快的速度把電腦蓋上，我問她在做什麼，她就說是在寫作業！」

「也不能這麼說，她畢竟在修線上課程嘛，應該要在論壇上貼很多文章之類的吧。沒什麼好操心的。」

我將爸爸的憂慮歸因於他對二十一世紀研究所的無知，也猜是他自己缺乏上網的經驗，才會如此擔心。在我看來，媽媽在和白血病奮戰的同時，也一頭投入了研究所生活。

爸爸思索片刻，電話另一頭一片沉默。我盯著自家客廳漆了蛋殼漆的牆壁。

「妳真的這麼覺得？」

「嗯，一定是這樣啊。」

「她可以把髒衣服放進洗衣機，可是沒辦法彎腰把衣服拿出來、放進烘衣機。」爸爸說，方才的懷疑似乎已煙消雲散。「我們現在是這麼分工的：她早上把衣服拿去洗，我下午回家以後再把洗好的衣服拿去烘。團隊合作嘛。」

我知道他想讓我放心，讓我知道他們兩個能自己生活，但我在查爾斯頓的每一分每一秒都宛若小小的背叛，我也想陪在媽媽身邊。

◆ ◆ ◆

「妳媽把頭髮都剃掉了。」媽媽開始住院接受化療了，爸爸預先警告我，說她的外貌發生了改變。

「我知道。她說這比等頭髮自己掉輕鬆一些。」

「她請護理師在門上掛牌子，妳來了就會看到，牌子上寫了『限制訪客』。只有我、妳、羅伯、蜜雪兒和妳的賴瑞舅舅可以進去看她。」

我頓了頓，原本低頭看著廚房餐桌上的課本與紙張，現在卻抬起了頭。「呃，你們是遇到了什麼訪客相關的問題嗎？」媽媽那麼喜歡受人矚目，怎麼會不歡迎訪客去醫院探望她？

「照她的說法，其他人都是去看好戲的，只想看看她現在的醜樣。」

我聽了忍不住皺眉。

「她說，反正美心會讓人憂鬱。她自己說的，說是『讓人憂鬱』。妳也曉得，那些人我都不認識，她想怎樣就怎樣吧。」

◆◆◆

第一次走進病房時，我很努力不盯著她。媽媽面無血色，整張臉似乎腫了起來，也許是因為掛了生理食鹽水的點滴，但她還是化了妝。她身旁的機器有的嗡嗡作響，有的嘶嘶作響，各種管線形成的網路從薄薄的白被毯下延伸至各臺機器，她自己則被保護帶般的白毯裹著。我想起爸爸說的那句「看好戲」，於是迅速從她臉上移開視線，轉而看向旁邊那扇俯瞰印城鬧區的大窗戶，焦慮感逐漸攀升。**這是真的**。我告訴自己。

「我帶了些東西來給妳喔。」我儘量用輕快的語氣說話，朝媽媽走去。我感覺到她注視著我的目光，小心翼翼地將我的貓的照片架在她身旁（她戲稱貓咪為她的貓孫），旁邊是短短六個月前我們在印城參加頒獎典禮時的合照。想當初，癌症已經在媽媽體內扎了根，我們卻還一無所知。我轉過身來，看見她對著相片儘量微笑，但病症幾乎麻痺了她下顎、嘴部與臉頰的神經。

28

接下來，事情應該這麼發展：媽媽會熬過六個月的化療，過程雖然痛苦，但最終會發揮作用。事後，她的病痛會緩和許多，等到五年過去，癌症一直沒有復發，醫師就會宣布她痊癒了。屆時，我們都可以回歸各自往常的生活。

然而，實際發生的事情是這樣的：我們很快就發現，媽媽罹患的博基特氏白血病對化療有抗性，醫師告訴我們這十分罕見，媽媽除了繼續接受治療之外，還得移植骨髓。為了讓她的身體接受他人捐贈的骨髓，捐贈者必須和她幾乎完全吻合；由於媽媽只有同母異父的哥哥，親族中沒有人能提供骨髓給她。我們替媽媽到處宣傳，凡是走進雜貨店的人，都會聽爸爸提起媽媽的病症，而我的臉書頁面也貼滿了骨髓捐贈相關的文章。

即使資料庫出現合適的捐贈者，媽媽的移植資格也一直被往後推，她的身體每次都會受到新一波的感染侵襲。感染一波接著一波來襲，宛若狂暴的海潮，隨時可能引發嚴重的肺炎——在媽媽身體如此虛弱的狀況下，肺炎就很可能要了她的命。我和爸爸隨身攜帶乾洗手，每次都從手肘到指尖全部消毒一遍。我的汽車儀錶板簡直是乾洗手空瓶的墓園，我書桌上也擺著一瓶特大號的海島棉乾洗手，我動不動就會擠出兩大坨來用，每小時至少消毒兩次。我對所有學生表明，只要他們有那麼一點生病的徵兆，就別來上我的課。

我和爸爸同樣坐在身體與精神的蹺蹺板上，他很快就不行了。爸爸全身被濃霧般的疲倦籠罩著，即使和他處在同一個房間裡，我也感覺他離我很遠、輪廓有些模糊。除了無比忙碌的時程得顧全之外——全職工作、一群動物、重病的太太，以及擋在他與下一份任務之間的好幾英里路途——他現在還必須成為家中的財政支柱。醫療帳單開始堆積如山，只要是保險公司不給付的部分，我們就必須自己負擔。媽媽雖然堅持要幫忙，確保所有費用都準時繳納，我還是感覺得到爸爸承受的焦慮。他的體重愈來愈輕，雙眼下方的皮膚變得又薄又黑，我已經忘了他的笑容長什麼樣子了。

至於我呢，我很慶幸自己有一份令我分身乏術的全職工作，如此一來，我不能在醫院陪媽媽、和爸爸講電話的那些時間，都能讓工作占據我的心神。只有在研討會上當眾演講時，我才能暫時推開腦中的一切，單純聚焦於此時此刻，專心演講，並回答聽眾的問題。在那美好卻又短暫的十五分鐘裡，我又能當個正常人了——然而演說時間結束，下一位講者上臺，我又不得不回歸現實。

那年冬季，我有一場特別令人感傷——也出人意料——的演講，辦在我的母校，傑伊郡高中。我和傑伊郡高中幾位現任與退休教師是臉書好友，看到我在全國各地發表財務安全與身分盜竊的演說時，他們主動聯絡我，問我是否願意對高中的高年級生談談相關議題。即使一想到要回到那間學校，我就感覺恐慌症會復發，我還是同意了。其實，我只是想藉出差的名義，回印第安納探望媽媽。

除了磚造建築的外部以外，高中已經面目全非，過去藍色的置物櫃現在漆成了紅色，走廊都上了一層新漆，就連我記憶中的氣味，也被亮漆與影印紙的濃濃味道取代了。教職員名單上只有少少幾個眼熟的名字。我意外地發現，走進校舍時，我並沒有感受到令人呼吸困難的焦慮，也許是因為現在有更大的問題得處理了吧。我不由得停下腳步，感嘆了一下時過境遷，以及我自己在十多年前畢業後發生的變化。

我接連發表了幾場演講，告訴學生要小心自己將哪些個人資訊放上社群媒體，也警告他們，別以為身分盜竊不可能發生在自己身上。「我也從沒想過事情會發生在自己身上。」我說道。觀眾席上一雙雙青澀的眼睛驚疑不定地盯著我，我只希望他們能將我的一些話聽進去。

事後，在前往醫院的路上，我繞道去了趟外公外婆長眠的墓園。從在門廊上入睡那一夜，我就經常想起外公外婆，彷彿在等他們從天上某處干預人世，可惜到目前為止，他們令我失望了。

外公外婆共用的黑色大理石墓碑，就在我印象中的位置，在將綠公園墓園（Green Park Cemetery）一分為二的主幹道旁。一開始，我輕聲細語地和他們打招呼，彷彿兩位老人家就坐在我面前，但是，接下來我愈說愈懊惱，黑色平底鞋深深陷入潮濕的地面。

「該死，爸爸這樣撐不了多久！」我怒喊。「我也快不行了！」

天邊細微的動態吸引了我的目光，只見一名帶著小白狗散步的老太太憂心地盯著我。

我儘量擠出尊嚴，扣起駝色長風衣，回到了汽車駕駛座。四十分鐘後，我抵達了蒙夕市的醫院。

◆◆◆

元旦的前兩晚，我突然在床上直起身，開始思索自己為何驚醒。然後，我感覺到了：腹部突然有種被揍了一拳的痛楚。

我第一個想到媽媽，原本打算過生日時在印第安納陪她幾天，但如果得了腸胃型流感，我就去不成了。我緩緩撐著身子下床，搖搖晃晃地下樓，裹著一條披巾站在露臺上。也許是因為從小生活在農場上，每當我身體不適，首先想到的療方都是呼吸新鮮空氣。我看著呼出口的氣息在面前捲開，心裡七上八下：如果這是我最後一次和爸媽一起過生日了，那怎麼辦？我憑意志力推開了糟糕的想法，以及腹中的嘔意。

接連數天與好幾杯薑汁汽水過後，我感覺身體狀況好一些，可以著手寫年度評論了。此時，腹部持續不斷的刺痛移到了胸腔，痛楚強烈到要不是我已經割了闌尾，我會懷疑自己得了闌尾炎。我的指尖大力敲在鍵盤上，努力無視那份疼痛，直到我再也忍不下去。我不知道腹部出了什麼問題，但它顯然不願意安分地待在原處。

我推開電腦，站了起來，本想去上個廁所，可是我已經等太久了。我開始劇烈嘔吐，只吐出胃酸，而與此同時，血液從我雙腿之間流了下來。

獨居的我驚慌失措，憑藉腎上腺素拖著身體上樓洗熱水澡，但沒過幾秒，我又開始嘔吐，下體也依然血流不止。我不敢打給爸爸，不敢再為他增添新的煩惱，如果打給羅伯，他必定會叫我去掛急診。我沒去醫院，而是將枕頭抱在疼痛的腹部前，躺在床上睡著了。到了早上，我終於放棄做無謂的掙扎，自己開車去看醫師。

醫師發現我長了良性腫瘤，卻說不出為什麼，只認為那可能是遺傳性問題。在我看來，腫瘤很明顯源自我多年的恐懼與焦慮。

我臥病在床一整週，獨自過了三十一歲生日。

29

前往華府的路程相當危險，州際公路在持續不斷的降雪與冰雨之下，成了一條結冰的洗衣板。那一路上，我緊抓著方向盤，用力到指節發白，一路上不時接到媽媽打來的電話——她從醫院回家了，聽上去仍有些意識不清——爸爸也有打電話給我，似乎為媽媽的狀態憂心如焚。到了亞利加尼山脈，我不得不在路邊暫停，等除雪車來清除前方道路的冰雪。路上的每一英里都艱難無比，我每分每秒按捺著對自身安全與媽媽病情的恐懼。終於抵達華府時，被燈光打亮的地標映著二月夜空，宛如勝利的象徵。

即使個人生活不似現在的傷痛與困惑迷宮，前來華府的路程還是會令我神經緊繃，一部分是因為天候不佳，但尤其是因為我此行的目的。身分盜竊協助中心（Identity Theft Assistance Center）的全國兒童身分盜竊論壇是我受邀演講的研討會中，聲望最高的一場。協助中心的辦公室夾在白宮與國會山莊之間，此次研討會還會有聯邦調查局（FBI）、司法部（DOJ）與其他身分盜竊政策決策者及倡議者出席，這可不是我習慣的學術圈。這天，我受邀分享自己的經歷，以及我在身分盜竊領域的研究成果。

那晚，我在旅館房間裡輾轉難眠，因來華府的車程而神經緊繃。路燈從窗簾縫隙探了進來，我好懷念從前能安穩入眠的日子。現在，我即使睡著了，也經常哭著醒轉。好消息是，睡眠時間減少，工作時間就多了，上學期我達到了有史以來的最高產值。原來，忽視媽媽病危的可怕現實，是需要數小時專心致志的啊。

隔天，只睡了三個鐘頭的我來到了身分盜竊協助中心，此地的會議室令人生畏，每一張桌上都設有麥克風，比起研究論壇，感覺更像是參議院聽證會。禮堂後方架了一臺臺攝影機，每位主持人共用的桌上擺滿了電話或視訊會議用的音響。全國各地的人都會聽到我的演講。輪到我之時，我整了整黑色的西裝外套，強行壓下焦慮，享受了短短十五分鐘的「正常」。

演說結束後，我滿心想打給爸爸。我們前一天

我的多次演講之一，談的是身分盜竊及其隱伏的後果。

的對話令我憂心忡忡，媽媽現在天天接受放射治療，狀況非常糟，爸爸認為她快失去活下去的意志力了。那天上午，我發表演說時，媽媽接受了十八次放射治療當中的第十三次。我在會議室外的走廊找了個安靜的地方，開始輸入爸爸的手機號碼。

「妳好？艾克絲頓？」身後傳來陌生的聲音，我轉身看見一名肩膀寬闊、滿頭棕髮，帶著迷人笑容的男人。

「我的名字是喬．梅森（Joe Mason），前陣子出了一本書——我把妳的故事也寫進去了。」他說得好像這是再正常不過的自我介紹方式。我將手機收回包包，和男人握手，臉上想必帶著莫名其妙的表情。

「天啊，不會吧。」我邊說，邊思索這是什麼樣的騙局。「請務必讓我看看。」

「跟我來我的座位吧，我給妳看。」

我跟著他回到堆了一疊書的座位，他挑出其中一本，遞給了我。

「這本書叫《天生破產》（*Bankrupt at Birth*），裡頭有兩頁寫的是妳的經歷。」封面照片是個留有一頭棕色長髮的年輕女孩，她雙手抱胸坐著，身後是個被砸爛的小豬撲滿。我還沒習慣和梅森先生對話，但我很想告訴他，這張照片並沒有呈現出身分盜竊受害者所受的創傷。

「請讓我拜讀你的作品。」我說道。我想把這本書帶回去給媽媽看，她看到我們的故事被出版，心情應該會好一些吧？我舉著攤開的書本，讓喬翻到正確的頁數。書頁上，第二十九與三十頁之間，寫的就是我的故事。喬參考了關於我的各種媒體報導，寫得幾乎完全無誤。我二十年的人生濃縮成了兩頁文字，真是不可思議。我非得打給爸爸，把這件事告訴他不可。我謝過喬，答應會再聯絡他。

「早上的治療不順利，」我撥電話過去時，爸爸告訴我。「她現在很痛苦。」

「爸爸，」我仍懷著看見自己名字被印在書裡的喜悅。「你跟媽媽說，我們的案子被人寫進一本書了，我會帶一本回家給她看。」

研討會結束後，我在華府四處走動，去了從前海瑞特學校校外教學時參觀過的地點。想當年，我們還未受到身分盜竊的重創，媽媽也還沒患病。我行經福特劇院，想到了自稱歷史達人的媽媽，如果她也在這裡，那該有多好。寒風從波托馬克河襲捲而來，順著國家廣場撕破了空氣，我經過國會大廈，走到了華盛頓紀念碑，感覺臉頰燒紅，於是更努力將下巴深埋在長外套的領口。我知道自己不能在這裡待太久，但難得有人在書中收錄我的故事，這感覺是值得慶祝的事件；在充滿了壞消息的時節，我終於收到了一點好消息。

回到旅館房間後，我查看了明天的天氣。我不想馬上繼續開車，繼續和州際公路上的冰雪奮鬥，可是心中有一股動力推著我回家探望媽媽。又一波暴風雪逼進了大西洋中部地區，我決定在破曉前出發，走偏南的路線，穿過田納西州與維吉尼亞州。雖然，這麼一來，我必須多開大約五個小時的車，但至少我不會被風雪困在某個不為人知的山間城鎮。

隔天，在又行駛了五百多英里、收到一張超速罰單，並且花費數小時瞇眼盯著路中間的雙黃線以確保它不會飄移之後，我在肯塔基州南部暫歇一晚。到了早上，當我困在辛辛那提繁忙的尖峰時段車陣中，接到了爸爸的電話。

「妳現在不是應該快到了嗎？」他聽上去有些不耐煩。

「放射治療還順利嗎？」我轉移話題，試著在維持車速的情況下換車道。

「不順利，妳媽連去都不想去。她現在在床上睡著了，所以我要先去做一兩個小時的工作。妳得趕快回來。」

聽到爸爸這句話——「妳得趕快回來」——我感覺自己已經經歷了數日、數月的掙扎，無論是天氣、交通，或者是胸腔深處咄咄逼人的恐慌，全都在和我作對。我又累又怕，卻無力改變現狀。我沒辦法控制天候或車流，至於恐慌——我媽媽躺在床上、逐漸邁向死亡，我除了恐慌之外還能有什麼感受？我當然得回家了，爸爸難道以為我不曉得嗎？「我盡快回去。」說罷，我一腳將油門踩到底。

我駛進家門前的車道時，打了電話給媽媽。

「我到了，可以幫我開門嗎？」我的老家鑰匙總是不在手邊，自從上次搬去伊利諾，我就再也沒看到那副鑰匙了。

「我可能沒辦法。」她嗚咽道。我跑到屋後，找到了藏在某間農場附屬建物裡的鑰匙，手忙腳亂地插進前門鎖孔，雙手因長時間開車而疲憊地顫抖。我快步走進媽媽所在的客房，看見她躺在床上，身體往側面翻了一半，雙臂伸向了助步車。驚懼的情緒瞬間湧遍我全身；她的樣子糟糕透頂。

「媽媽，需要幫忙嗎？」我跑上前說。

「不用。要。不用。嗯，幫我把腿抬起來。」她痛得皺起了臉，腳邊的深藍色格紋被單困住了腿腳。床邊的茶几擺滿了藥罐。

「要我把腿放到地上嗎？來，扶著我。」我邊說邊彎下腰，讓她搭住我的肩膀。

「不要，」她堅定地回答。「把我弄回床上。」

「媽媽，妳要放棄嗎？」我平靜地問，實際上卻想放聲喊叫。我很想搖晃她的肩膀，讓她知道我是費了多大的功夫千里迢迢回到她身邊；我很想告訴她，她——還有我——都已經走得太遠，現在沒辦法放棄、沒辦法回頭了。

「不要。打給妳爸就好。」她說。她圓睜著雙眼，面色因痛苦而猙獰。她開始用雙手揉搓胸口。

「怎麼了？會焦慮嗎？是不是剛才要下床，太勉強自己了？」

「有時候會這樣。」她勉強擠出這一句，但我完全不曉得「這樣」是哪樣。

我走進休閒室，從行李箱取出喬．梅森的書。臥房裡，媽媽仍抓著胸口。我站在她身邊。「媽媽，這本書叫《天生破產》，書裡有寫到我喔。」我像幼稚園老師一樣舉起書本，讓她看個清楚，然後翻到第二十九頁，開始朗讀。

「『艾克絲頓・貝茲從沒想過自己會遭遇什麼麻煩，直到有一天，她第一次在校外租了公寓。』」我唸道。

媽媽用痛苦卻又驕傲的眼神看著我，以氣聲說道：「寶貝，那真是太棒了。」我朗讀的同時，她一直注視著我。

「妳有感覺好些了嗎？」讀完後，我問她。她搖了搖頭。「要我打給爸爸嗎？我們可以帶妳去醫院，好不好？」我提議，隨時準備去拿手機。

「我得叫救護車。」語句如同船錨，重重地落下了。既然知道自己迫切需要就醫，她為什麼一直靜靜躺在那裡，聽我朗讀？

我打給了爸爸，打給了波爾紀念醫院的癌症中心，然後又打給爸爸。我來回踱步。我叫了救護車。我搬開了前門口的地毯與我的行李箱，以免阻礙了急救人員。再過幾分鐘，我會像餐廳負責帶位的服務生，揮手示意他們進屋，對他們說是「左手邊第一個房間」。

但此時此刻，我回到了媽媽房中，在她身邊坐下。這將是我們在家中共度的最後一段時光。過不久，救護車聲宛如壓境的暴風雨，響徹了整間屋子。

30

媽媽躺在醫院病床上，叫我回家。她在醫院過了夜，隔天一早我和爸爸到場時，她告訴我們，醫師相當樂觀，認為她再過兩三天就可以回家了。她叫我回伊利諾，把我這幾天租的車子還了，也叫爸爸回去工作。那天，我開車離開蒙夕，心中有些不安，但媽媽不斷堅稱自己沒事。

我回到查爾斯頓時，剛歸還租來的汽車，就接到了爸爸的電話。我站在整理到一半的行李箱旁，接起了手機，只聽爸爸像無法發動的引擎，語無倫次地說話。我聽得出來，那邊發生的事情一定非常糟糕。

「他們……他們說已經幫不了妳媽了。妳得回來。妳得回家。」

羅伯花了三個半小時從東莫林市開到查爾斯頓來，我只請他帶一套適合婚禮與喪禮穿的西裝。我悲痛欲絕，決定隔天上午再出發前往印第安納。我勉強打了電話給住在芝加哥的蜜雪兒表姊，以及住在俄亥俄的賴瑞舅舅，然後將爸爸來電時我從行李箱取出的衣服放回行李箱。我把博士袍放在行李箱上，這是我最正式的一件衣服，我也沒得選了。

◆◆◆

波爾紀念醫院的五樓，飄著消毒水與食堂食物的氣味。我和羅伯走進媽媽的病房時，爸爸不在，他回家餵動物去了。媽媽癱在病床上，身上映著日光燈不自然的光線，電視在播第十三臺。是我的錯覺嗎？才過了短短二十四小時，媽媽又顯得更加憔悴枯槁了，被單下探伸出交纏的管線。我們進房時，她的眼睛轉了過來，微微閃爍了一下，她虛弱地對我們打招呼。

我突然感到非常尷尬，彷彿在派對上搭訕陌生人。「那個，我聽爸爸說……」我說不下去了。媽媽點了點頭。「妳有什麼想告訴我的嗎？有什麼事情要我去做的嗎？」我在洗腎用的椅子上放下包包，走到她身邊。羅伯默默站在床尾。

「我愛妳。」她靜靜地說。「妳一定要好好照顧妳爸。」

「好，我會的。」我端詳她臉上的肌膚。她的樣子，彷彿過去多年一直有顆燈泡在皮膚下發光發熱，現在，燈泡熄了。

「妳不會有事的，可是妳爸就沒辦法了。好好照顧他。」

我困惑不已，但還是努力安慰她。「媽媽，爸爸已經是大人了，他可以照顧自己。妳要我怎麼照顧他——還是說，妳有哪張帳單漏繳了？」帳單、繳費與截止日期——這就是我們家用了一輩子的語言。即使媽媽行將就木，她對我提起這些也不奇怪。

憤怒閃過媽媽的臉，她雙眼一翻，重複道：「好好……照顧……妳爸……就是了。」

我看向羅伯，無聲地傳達我的疑惑。他聳了聳肩。

「聽著，」我說。「我和羅伯星期一早上就在這裡結婚。」

媽媽睜開雙眼，忽然恢復了清明，擔憂地說：「你們不要急，好好去辦你們要的婚禮。」

「媽媽，這由不得妳。七年哪裡急了？妳只要星期一早上還在這裡，那就好了，可以嗎？」

我和羅伯在病房裡坐下休息。爸爸從農場回來了，他滿面痛苦，脹紅了臉。臨終安養護理師頻繁進出病房，用嗎啡與氫嗎啡酮減緩媽媽的痛苦，也問我們是否有正常飲食。他們給了我們一份小手冊，上頭列出了親友去世前，我們可以問他們的問題。

「媽媽，妳希望訃文怎麼寫？」我停留在手冊的某一頁，開口問她。理智上，我知道這場對話應該令人崩潰，但我的情緒似乎趕不上現實。當我問她，她希望自己的人生該怎麼用三四段話總結起來，彷彿是在問她今天晚餐吃什麼。

「我已經跟妳爸說過了，不要訃文。」她別過頭，似是想結束我們的對話。這也不意外，爸爸對我提過，媽媽不希望別人來探望她、不想辦喪禮，只希望我們將她的遺體捐給科學研究機關。

「好，那就照妳告訴爸爸的方式做。」我說。既然媽媽想消失在虛無之中，那我又有什麼資格提出異議？話雖如此，我還是希望她能給我幾件小物事作紀念。

「媽媽，我想借用妳的婚戒，用在星期一的婚禮上。」我已經好一陣子沒看到媽媽戴婚戒了，我猜是因為她服用的藥物讓手指腫了起來。「可以告訴我它放在哪裡嗎？」

「它的爪鑲鬆了，」她集中精神，皺緊眉頭告訴我。「不過妳去看看我首飾櫃的第一層抽屜，應該就在裡面。」我可以想像她說的地方，我之前就從那裡拿過幾枚戒指。

數小時後，爸爸叫我們回家休息，順便完成農場上一些例行工作。我和羅伯一同癱倒在床上，因漫長的車程與更加漫長的下午而心力交瘁。那一夜冰寒而寂寥，隔天——星期六——早晨，旭日東昇時，每一片褐色草葉上都掛著寒霜。我確認過動物的狀態後，我們又乖乖回到醫院，一整天都坐在媽媽的床邊看第十三臺，並確保她不會太不舒服。我聯絡上爸爸的一位牧師朋友，和他討論週一婚禮的細節。蜜雪兒表姊從芝加哥遠道而來，成了我們的援軍；儘管每個人都沒胃口，我們還是在臨終照護者的堅持下輪流去吃飯。

我不喜歡別人對我的飲食習慣指手畫腳，畢竟我以往都是以絕食的方式處理難關。我在醫院食堂買了個我沒興趣吃的水果杯，羅伯則選了熱食。

我只吃一口，就對羅伯說：「我吃不下去。」

「妳一定要吃。」羅伯說。

「我媽媽躺在樓上，就快死了，為什麼所有人都偏偏要我把這他媽的水果吃下肚？」

「妳需要它，不然會沒力氣。」羅伯語調平穩地回答，這就是我愛他的理由。

隔天早上，我們準備重複前一天的動作，然而到了接近傍晚的時候，媽媽的一名護理師請我到走廊上談話。她知道我和羅伯準備在明天辦婚禮，但她覺得我們不該等到明天。

「我們覺得到了明天，妳媽媽可能就不會有意識了。」她告訴我。我感覺腎上腺素竄上背脊，緊抓著包包，念著我這幾天賴以為生的抗焦慮藥。「我們醫院有個牧師，他今晚有空。我強烈建議你們考慮今晚就結婚。」

我點點頭，聽見自己回了一句，然後走回媽媽的病房。「媽媽，護理師認為我們應該提早辦婚禮，他們說妳明天可能就不會有意識了。妳怎麼看？這是妳的身體，妳自己最清楚。我們應該等到明天嗎，還是今晚就結婚？」

「今晚。」她毫不猶豫地說。

「好，那就今晚。」

我們還有幾個小時，但我和羅伯還是趕回農場去。我在路上撥了電話給在畜舍裡餵動物的爸爸，把新的計畫告訴他。

「這到底是誰的餿主意？」他怒喊。從他拆開取消贖回權通知信的那天至今，我還是第一次聽到他如此失控的聲音；從那天算起，已經十四年了。他周遭的一切都在變動，我知道他本就不喜歡變化，現在終於到了臨界點。

「爸爸，是媽媽說的。」

「……那我開始準備。」

回家後，我們手忙腳亂地收拾。我跟著爸爸進房間，打開首飾櫃的第一層抽屜，卻沒看到戒指。「爸爸，你知道媽媽的婚戒在哪裡嗎？」

「這我就不知道了，艾克絲頓，從她生病以前我就沒看到了。」他一面選上衣一面分心回答我。

「她說戒指就在這裡，」我指著打開的抽屜。「結果不在。我需要它啊。」

「你媽用了很多嗎啡，」他逐漸失去耐心。「她可能以為在這裡，實際上就是不在啊。妳隨便從裡面選個戒指，我們晚點再找。」

我不想讓爸爸更加心煩，但教堂鐘聲般的失望在我心中迴蕩。我用指尖一一翻過多年以來她從電視購物買來的一堆堆人造珠寶，找尋可以用來當婚戒的東西。一枚浮誇的胸針下面，有一枚雙環交織而成的戒指，兩個金屬環都是看上去相當廉價的黃銅色，其中一環有半圈想必是假鑽的東西，另一環的設計是可以卡到第一環之上，上頭鑲嵌了一枚大大的假鑽。它們長得像訂婚戒指與婚戒套組，雖然對我的手指而言太大了，我還是將它們收入口袋，準備在典禮時使用。我告訴自己，我晚點會再找到真正的婚戒，現在的重點是讓媽媽看到我們結婚。

當晚，在醫院，護理師讓我把一間無人使用的病房當作更衣室。我穿上博士班畢業袍，它的袖子部分有紅黑條紋，從領口到背後垂著天鵝絨材質的藍色兜帽，八邊形畢業帽則是毛氈做的，看起來有那麼點兒像宮廷小丑的帽子。幫我更衣的人是蜜雪兒。我感覺自己快吐了，於是我無視一天不能服用超過三顆的規定，又吞了第四顆抗焦慮藥丸下肚。

走進媽媽的病房，準備進行結婚儀式時，我眼前一亮。就在我們回家拿衣服的那一個鐘頭內，護理師們自掏腰包買了情人節裝飾物，牆上掛著閃閃發亮的蝴蝶結與金屬絲，窗戶貼著與外頭的漆黑傍晚形成鮮明對比的心形塑膠貼紙。一張桌上擺著杯子蛋糕與果汁汽水，是我們儀式結束後的宴會，而鋪在地上的白床單與玫瑰花瓣，成了我克難的紅毯。

我們很勉強、很勉強保持鎮定。醫院的牧師親切又友善，我和羅伯緊張而結巴地唸出誓詞，爸爸則幫我們拍照，用相機遮擋自己盈滿了淚水的雙眼。而蜜雪兒想必是史上第一位穿運動褲的

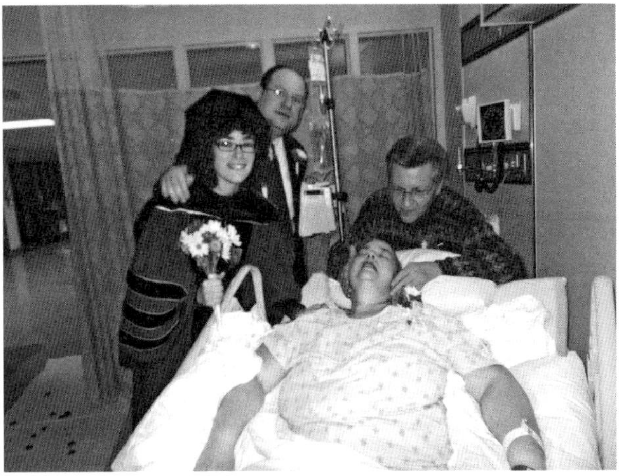

我們在波爾紀念醫院的婚禮。

伴娘。走廊上，護理師們躲在門外偷聽。

到了交換戒指的時刻，爸爸輕輕扶起媽媽的上半身，讓她看得清楚一些。羅伯特將她的戒指戴到我手上時，我感覺到媽媽臉上的燦笑；戒指太大了，我必須用中指與小指頂住它的兩側，以免鑲了假鑽的戒指翻倒。我睜大了雙眼、面帶笑容看向媽媽。牧師宣布我們已是夫妻。

我們吃過蛋糕、換上便服之後，媽媽呻吟了一聲。我們望向她，她拉開面前的氧氣管，說道：「我準備好了。」我們沒有抗議，我們都做了心理準備。所有人聚到了她身旁，不久後，她陷入昏迷。醫師告訴我們，在目前的狀態下，她至多還能存活三十天。

31

沒有人能肯定昏迷不醒的媽媽聽不聽得見我們的聲音，護理師鼓勵我們對她說話，就算是描述自己做的動作也好，以免她真的還保有我們無法察覺的意識。於是，我對她說起話來，說了很多很多。

「爸爸回家餵驢子了，不過我還在。」

「護理師來了，他們會幫妳翻身。」

「羅伯暫時離開了一下，爸爸回家去了，很快就回來。」

她從沒給出任何聽得見或聽得懂的表示，但我還是說了下去。事實上，我根本就不知該如何是好，在她隨時可能死去的時刻，我怎麼有辦法回去工作？我隱隱記得自己和系主任通電話，說我不知道什麼時候才能回去上班。一般情況下，我應該會為長時間將工作束之高閣而感到愧疚，可是如今我的情緒已經消耗殆盡，沒有多餘的感受可以分給學生或同事。至於羅伯，我叫他先回家去。雖然不用問也知道，只要我需要他，他就一定會一直陪在我身邊，但我們實在沒必要拿兩份工作冒險。終於在媽媽的病房裡擁抱道別時，我感覺得出，他不確定我和爸爸有沒有辦法面對接下來的事情。其實，要我獨自面對媽媽的死亡，我並不會感到不自在，畢竟大部分時候，我都偏好一個人面對問題。

那漫長的一個個小時中，我和爸爸儘量在媽媽去世、我離開印第安納州前安排好一切，主要就是教他如何自己處理財政問題。媽媽之前一直不願意交出他們每個線上帳戶的帳號密碼，但後來爸爸說服她將記得的帳密寫在一本小筆記本裡，筆記本被爸爸放在外套口袋裡，隨身攜帶。現在，我負責登入每一個帳戶，重新設定各種權限與隱私設定，讓爸爸二十年來首次自己處理帳單。

問題是，事情沒這麼簡單。媽媽是在藥物的影響下寫下帳密，很多帳號與密碼都調換了。

「爸爸下樓拿筆記本了；他剛剛忘在車上。」我坐在床邊告訴她。「他要我試著登入妳的論壇帳戶。」我列了一張清單，上頭是我暫時離開醫院時必須抽空撥打的機構電話。我打開媽媽的筆記型電腦，她的臉書帳戶跳了出來。

「啊，媽媽，妳的臉書沒有關。我看看妳的相片喔。」

爸爸的聲音突然充斥整間病房：「艾克絲頓！她醒了！」

從我這個角度，我只看得見她的雙腳，所以我盡快將筆電放在洗臂的椅子上，轉身看向媽媽的臉。她雙眼圓睜，眼中湧生了某種急切的情緒。她動了動頭部，乾燥、發白的嘴唇分了開來。

「帕姆，怎麼了？」爸爸央求道。他雙臂前伸，朝媽媽走去。「妳需要什麼嗎？」

我們無助地看著媽媽用盡全身的力量掙扎著想發出某種聲響，努力擠出遺言或最後的遺願。她搖了搖頭。她做不到。

事情似乎在一瞬間發生了，她的眼神暗了下去，下顎鬆開了，一絲嘆息脫離她的身軀，那是我過去沒聽過、往後也沒再聽過的氣音。是她的最後一口氣。

結局來得不容否定。我們沒有抗議，沒有尖叫，沒有撲到她身上。爸爸走到了她的床邊，輕輕用指尖為她闔上雙眼。

「我去叫護理師吧。」他說。我點點頭。

我動也不動地靜靜坐在媽媽的遺體旁。哀慟宛如被柵門鎖在起跑點前、蓄勢待發的賽馬。

◆ 32 ◆

媽媽希望她的遺體被用於科學研究。她不要訃文、不要喪禮，似乎不想留下自己在這世上活過的任何痕跡。然而，印第安納大學醫學院的人來取大體時，他們說媽媽的身體已經完全被化療與放療毀壞了，就連用於科學研究也毫無用處，我們必須另做打算。我們手忙腳亂地想辦法幫她安排火葬時（她說過，這是她第二偏好的選項），媽媽的遺體在醫院病房裡躺了很久，感覺過了好幾個鐘頭。一塊單調的綠色布簾遮擋了他人的視線。

臨終安養護理師說我們想待多久都沒關係，但到了把媽媽裝進黑蛹般的塑膠屍袋、拉上拉鍊時，我們被趕進了等候室。等候室裡有柳橙汁與奶油餅乾，感覺是來自另一種生活——某種快樂生活——的事物。護理師們耐心地教我們如何處置媽媽放在家裡的強效止痛藥：把藥丸磨碎，和液體柔軟精混一混，免得到時候有飢不擇食的癮君子來翻我們家垃圾桶。我們仔細聆聽他們的指示，有人告訴我們該怎麼一步一步完成任務，感覺真好。

離開醫院時，時間才過中午不久，爸爸開著媽媽的車載我回農場。今天是星期二，我詫異地發現醫院外的世界仍按照正常的時程運作，彷彿一切都沒變，郵差仍沿著熟悉的路線行走，人們仍在加油站加油，綠燈仍會變黃、變紅，最後再回到綠色。我忽然想到，媽媽車內的氣味——她隱隱約約的香水味——本該在我心中激起某種情緒的，我的心卻如一片死水。我達到了空前的疲倦，完全看不見疲勞的盡頭，彷彿一條擰乾之後放在太陽下曬乾的抹布。短短三十六小時內，我結了婚，然後失去了母親。試著在心中找尋某種情感時，我只找得到某種期盼——我恨不得立刻躺上一張真正的床。

爸爸駛進農場短短的車道，媽媽深愛的門廊前，屋簷掛著一條條冰柱。我下車踏入寒風中，聽見無疑是吉米．佩奇（Jimmy Page）的吉他嗚咽音色充斥整間畜舍，畜舍彷彿隨時會爆炸的氦氣球。爸爸之前請店裡的兩個員工來幫忙照顧動物，他們顯然玩得挺開心的。

我走進屋內，爸爸則從房子旁邊走過，筆直朝畜舍走去。這也不奇怪，爸爸向來沉默寡言、實事求是，是個徹頭徹尾的中西部人。

我打電話給羅伯，他說他覺得很遺憾，問我有沒有哪裡需要他幫忙。我說我沒事，只慶幸一切都結束了。服下一粒抗焦慮藥之後，我纏著媽媽床上的被單睡去。

◆ ◆ ◆

即使像童話故事中的公主那樣陷入深眠，也無法消除深深的疲勞，所以當我在數小時後醒轉，我還是硬撐起沉重無比、疲憊不堪的身體，去看看爸爸的狀況。我在客廳裡找到他，他在看電視。見我醒了，爸爸直截了當地對我下指令。

「妳得開始整理妳媽的東西，要什麼就自己拿，妳不要的東西就全部拍賣掉，不然就丟掉。」

我感覺自己瞪大了雙眼。媽媽才離世八小時而已。

「呃，好……好。」情況再怎麼荒誕，我也沒力氣和他爭辯。

「我打電話給麗莎了，她和妳媽的身材差不多，她明天會來看看妳媽衣櫃裡有什麼衣服是她可以穿的。所以，妳要什麼就先拿去。」爸爸拿著遙控器比手畫腳。

「我先從媽媽的浴室開始整理。」我說。那麼小一間浴室，應該不到一個小時就能整理完了吧。我轉身朝浴室走去，幾分鐘後，爸爸帶著垃圾袋跟來，還給我一個箱子，讓我裝自己要的東西。

我從以前就知道媽媽會收集東西，但直到她去世後那幾天，我才真正理解了她的收集癖是多麼嚴重。小小的浴室本該很容易整理才對，可是我裝完兩個垃圾袋之後，感覺根本只清理了冰山一角。我把一盒盒沒用過的化妝品、沒開過的衛生棉條與一包除毛刀丟進要留下來的箱子。我儘量不望向鏡中的自己，不去看自己又紅又白的皮膚與下垂的眼袋。將近三十五年前，媽媽整理她自己母親的遺物時，是否也是這種感覺？

淋浴間那個角落有個瘦長的櫥櫃，我在最上層找到好幾年前就過期的抗生素與咳嗽糖漿，而在我伸向後面的小角落時，我注意到一些奇怪的東西。它們長得像體溫計，有三條，小心翼翼地疊在一起。我踮起腳尖，將它們像火柴棒一樣握在手裡。

它們並不是體溫計，而是驗孕棒。是用過的驗孕棒。

「老天！」我意識到自己握著什麼東西，驚叫一聲，一甩手把它們丟進開著的垃圾袋。我知道媽媽還沒進入更年期，卻沒想到她和爸爸會擔心她不小心懷孕。突然間，我感覺自己得穿上防護衣，才有辦法完成整理浴室的任務。

我靠著牆，坐倒在地。明明才剛開始哀悼，我就感覺自己做錯了什麼。隔天，我和麗莎姑姑一起整理媽媽以前的上衣時，姑姑會傾身過來，悄聲問我：「妳確定要這樣嗎？」我會告訴她，我很確定，但其實我離「確定」十萬八千里。我根本就不曉得自己在做什麼。

爸爸是個生活規律的人，以季節、餵食計畫、生鮮食品送貨時間與存貨時程表為重心，他當然會將心痛以清單的形式具象化，讓痛苦轉化為可以整理、可以完成、可以克服的東西。這我都懂。我只是不曉得自己有沒有辦法和他一起整理、一起完成、一起克服這許多。

當晚，我回到了媽媽的床上。房間冰寒刺骨，暖氣空調系統故障了，我們事後也會發現，房子老舊的管線在很早以前就坍塌了。我檢查過小型暖氣四周，確保自己沒把易燃物移動或掉落在它附近，然後滿意地爬到厚重的床單下。

幾個鐘頭過後，我醒過來，感覺到髮際線的汗水，全身發抖。天啊，我在醫院得了流感。我心裡這樣想著。清晨的昏暗與腦中的睡意減輕了，我發現天花板的吊扇轉得飛快，它甚至從基座部分都在前後搖晃。媽媽——我搖了搖頭，彷彿想驅逐這個念頭。但是，我不是聽著暖爐孤獨的滴答聲入睡的嗎？

我站起身，拉了拉吊扇的細繩，動作比平時更費力氣。

上午，我在洗衣間找到爸爸，他正把連身工作衣脫下來，肌膚散發出清晨的寒意。

「你有開媽媽房間的電扇嗎？」

「沒有，那裡面已經夠冷了。」

我正打算將鬼魂午夜來訪的故事告訴他，突然瞥見他眼中的淚光。

「你還好嗎？」

「嗯。」他邊脫靴子邊說。「我只是，只是像平常一樣在畜舍幹活，可是妳媽已經躺在停屍間了。」他的手臂指著奧爾巴尼的方向，媽媽的遺體現在暫放在米恰姆殯儀館（Meacham Funeral Service）的停屍間，等著被送往韋恩堡的火葬場。

「嗯。可是爸爸，除了照常過活以外，又能怎麼樣呢？」我說。

這將是四十四年來，他沒和媽媽過的第一個情人節。今年情人節，她的身體將被燒成灰燼。

我們父女倆一起做早餐，直到繼續完成待辦事項的時候到來。

33

電話響時，我知道是爸爸打來。他一天會打好幾通電話給我，問我要不要媽媽的某件遺物，或是跟我說他找到了什麼有趣的東西。我不介意被他打擾，至少如此一來，我就知道他還會起來走動，還能正常生活。

我們在媽媽去世後的星期五去撿骨。星期六上午，我用安全帶將骨灰罈固定在汽車副駕駛座，開了四個小時的車回查爾斯頓。我很想留著幫爸爸的忙，但我必須回伊利諾繼續上班。

從媽媽去世那天算起，十三天已經過去，這也是我和羅伯新婚的第十五天，不過在這混亂的時期，我們不怎麼關心結婚的日期。我本以為電話中爸爸的聲音會染上孤寂，甚至是陰鬱——沒想到，落在我耳畔的是憤怒的語音。他連打招呼都省去了，劈頭就問：

「妳腦子壞了嗎？為什麼在二〇〇一年把信用卡刷爆？」

「什麼？我沒有啊！」我被出其不意的問句嚇一大跳。「你在說什麼？」暮色不知不覺降下了，我才忽然發覺自己剛才忙著批改作業，都沒注意到公寓裡變得如此陰暗。我在房子裡走動，把電燈一一打開。

「艾克絲頓，妳別想騙我，銀行結單就在我手裡。」一時間，我能想像他站在昏暗、冰冷的農舍附屬建物裡，抓著一張紙揮來揮去，連帽運動衣與Carhartt外套包得緊緊的。

「是哪家銀行的信用卡？」我問道。

「美國第一銀行。」

「爸爸，那是別人盜用我身分辦的信用卡。」我耐著性子解釋，努力壓抑自己的煩躁與困惑。「媽媽怎麼會拿到那張卡的結單？」電話另一頭的聲音頓了頓，爸爸思索片刻。

「這個嗎，我不知道她拿這個做什麼，」他說，語音中的戰意煙消雲散。「它和妳的出生證明一起放在資料夾中，收在附屬建物裡。」

我全身的血液瞬間都冷了，彷彿身體理解了大腦仍未明白的事情。我下意識望向一旁的衣櫃，我知道裝著出生證明和其他重要文件的資料夾就在衣櫃裡。我受過的學術訓練在此時昂起頭來。

「爸爸，先把東西都放著別動。」我語氣平穩地說，邊說邊竭力保持平靜。他想必聽出了我的異樣，他沒有抗議，就只答應在我回家之前不會丟任何東西。

「一件都不能丟，知道嗎？」我向他確認。

「知道了，一件都不丟。」

本能叫我立刻出門、上車、一路開到農場上，去檢視爸爸找到的文件，但我的工作不能再落後了，我必須等到兩三週後的春假才能回印第安納州。

我心底有一小部分為時間延緩而暗自感激。在面對自己已然明白的現實之前，我還能暫且逃避一會兒。

◆◆◆

嬰幼兒時期的我體弱多病，運氣差勁的爸媽只能束手無策地站在新生兒加護病房窗外，看著黃疸嚴重到滿面金光的我將喝下去的每一口奶水全嘔出來。在夜裡，每當我在睡夢中停止呼吸，監測心跳的儀器便會出聲警告護理師。我遲了三週出生（媽媽因為妊娠毒血症的問題，沒辦法催生），在那之後又在醫院待了三週，一切都沒有按計畫進行。

媽媽起初就在是否要有孩子這件事上面矛盾不已，她想當個成功的事業家，賺錢並為自己闖出名聲。爸媽新婚那段時期都沒有生小孩的打算，兩人婚後的第一個家位於波特蘭的金齡村（Golden Age Village）退休社區，除了半天的探親之外，那個社區並不歡迎兒童。在自行設計活動式住房時，爸媽也沒考慮到小孩。然而，爸爸從小將他的妹妹拉拔長大，他心中一直存有自己生養小孩的渴望。

現在，爸爸認為媽媽之所以懷上我，是擔心不和他建立家庭的話，她可能會失去爸爸。我在預產期的將近一個月後出生，當時媽媽二十五歲，爸爸二十七歲。媽媽懷孕的過程十分辛苦，分娩時更是艱辛萬分，到了產後休息室時，媽媽告訴爸爸，他若想要更多小孩就「去找別的女人跟他生」。她受夠了。

我的名字取自《家族風雲》（*Dallas*）電視節目裡愛錢如命的休息室歌手艾芙頓．庫珀（Afton Cooper），媽媽本來想幫我取名叫「艾略特」，紀念她父母的姓氏，但後來他們選擇折衷，幫我取名為「艾克絲頓．艾略特」。之所以不叫艾芙頓，是因為「芙」這個音聽起來太柔軟了，他們可是想養育出一個堅強而成功的孩子。

在放我出院之前，護理師把爸爸拉到一旁。「這個孩子對奶類過敏，」她說道。「你們去印城的兒童宮（Children's Palace）買一些大豆奶粉，她喝那個就不會有問題了。」在一九八〇年代早期的印第安納鄉村地區，大豆還算是普遍可見的食品原料。

媽媽和我，一九八二年。

所以，在幫我買到特殊的大豆奶粉之後，爸媽帶著我和給我使用的一臺心率儀回到波特蘭，回到了他們在艾略特外公農場上那間成人限定的活動式住房。媽媽本來打算立刻復工，但她找不到人照顧一個隨時可能無預警停止呼吸的嬰兒，就連艾略特外公也不敢獨自照顧我——他當時七十一歲了，要是機器的警報響起，結果他動作太慢，沒辦法及時來救我，那怎麼辦？所以，很可能打從一開始就不想當母親的媽媽，和一個身患殘疾的嬰兒一起，在一間狹長的Holly Park活動住房裡困了七個多月。

我的健康狀況後來好轉了，但我依然對乳製品過敏。（看著其他小孩子吃冰淇淋，我見識到了人生的不公。）到了送我上小學的時候，學校規定我除了吃食堂午餐，還至少必須拿一罐牛奶，不過爸媽讓我帶鋁箔包果汁去上學。我每天早上都會抽籤把當天的牛奶送給同學，讓中獎的幸運兒決定要喝原味還是巧克力牛奶，這樣的慣例維持了三年。後來，洛克老師（Mrs. Locker）似乎認為我這是特殊優待，別人都不准帶果汁來上學，我憑什麼可以？她寫了封信讓我帶回家，要求爸媽提出我對牛奶過敏的證明。

我將老師的信交給媽媽時，她沒說什麼。她坐在爸爸紅色的沙發躺椅上，陽光穿透了面朝外公家的細緻窗簾。我本來還以為事情很簡單，我們只要預約伯特醫師（Dr. Burt）看診，請他提供相關證明就好了……然而，我看著媽媽氣得雙頰發紅，突然驚覺自己的想法太蠢了。

媽媽搭著我雙肩，帶我大步走進艾略特外公的廚房。

「坐下。」她令道。我乖乖照做，聽見外公在隔壁房的躺椅上挪動身子。

媽媽打開冰箱，拿出半加侖的全脂牛奶，接著把一個杯子重重放上流理臺。

「喝下去。」她將漂著泡沫的一杯牛奶擺在我面前，對我說道。

「不要！我會吐！」我尖叫。

「可惡，艾克絲頓，我叫妳喝下去！」她咆哮。

我咬緊牙關，瞄向微波爐顯示的時間：三點三十分。爸爸四點鐘就會到家了，他會來救我的。**把嘴巴閉緊就是了。**我告訴自己。就在此時，外公出現在流理臺另一側。

「帕姆，別逼她喝那個。妳在做什麼啊？」

「他們要我們證明她對牛奶過敏，那我就證明給他們看。」她雙手抱胸，眼神狠毒地說。「艾克絲頓，喝下去。」

我盯著盛滿了白色毒液的矮杯，緊緊閉著嘴。已經三點五十了——再過不久，爸爸就會來救我了。

「**把該死的牛奶喝下去！**」

外公和媽媽來回吵個不停，外公叫她帶我去看醫師，讓醫師開證明單給學校，媽媽說波特蘭境內每一個人都腦筋有問題，傑伊郡教育體系有多麼差勁。過一段時間，他們似乎忘了我的存在。

幸好在四點整前幾分鐘，爸爸的貨車輪胎壓過車道上的碎石，我隔著窗戶聽見他正在開關活動住房的鋁門。爸爸的腳步聲接近外公家時，我終於鬆一口氣，放鬆了下顎。

「這到底是怎麼回事？」看見擺在我面前的牛奶，爸爸的語音就顯露出不耐。他從桌上抓起杯子，走到洗碗槽前，將牛奶倒了下去。「艾克絲頓，妳先回家。」

不用聽他說第二遍，也沒等三個大人再生硬地說出任何一個字，我就跑出了後門。

隔天，爸爸打電話到學校，那之後就再也沒人為果汁的事情騷擾我了，但這次事件至今仍歷歷在目。我學到一件事：媽媽如果認為世界羞辱了她，就會不擇手段地與世界相抗，甚至願意以我的痛苦為代價。

第三部

34

在印第安納春季優柔寡斷的寒氣中，我站在爸媽家一棟部分燒焦的附屬建物裡，四周散著媽媽從前的各種文件與資料。

消防局告訴我們，這是場電器火災。在前屋主試著將這棟建築改建成居住空間之前，它曾經是雞舍，看樣子，前屋主改建得非常草率，電線在一年前的某一天著火了。當時，爸爸在外頭餵動物，媽媽在家裡，沒做什麼。爸爸試圖用水管滅火，但後來媽媽還是打了九一一。最後，有一面牆嚴重燒焦，建物餘下的部分則被水噴到受潮了，時至今日，空氣中仍飄著濃濃的煙味。爸媽把這塊空間當儲藏室，那場火燒毀了媽媽的很多份文件，可是遺留下來的文件——多年來一直擺在我們眼前的文件——此時鋪散在一張掉漆的工作桌上，敘說一段爸爸不想聽的故事。

「我知道事情不對勁，可是我們不能怪在妳媽頭上。」他秉持著希望對我說。

「爸爸。」我語調平板。「是媽媽幹的。」

我們在附屬建物裡找到的一切，都證實了這句話的真實性。在被火焰留下傷疤的牆壁包圍下，在飄著煙味與塵埃的空氣中，我們探尋了二十年的謎題終於解開了，二十年的解謎之旅也終於來到了終點。要我自己編造，我還編不出比這個場景更有意韻的譬喻呢。

我拿起爸爸在電話上提過的信用卡結單，上頭除了美國第一銀行標誌之外，還印了恆達理財的標誌。

「要辦這張信用卡，」我說道。「唯一的方法就是走進恆達理財的分行，直接申辦。」我緊鎖著爸爸的視線，看得出他回想起媽媽在奧爾巴尼恆達分行工作的那幾年。「這就是媽媽的工作，她多半還把這個當成了自己的業績。」

爸爸嘆息一聲，肩膀頹喪地垂了下來，環顧著鋪散在房間各處、展示在他面前的紙張。媽媽才剛去世一個月。我們二十年來的財政困境、羞窘與恐懼，全都是她一手造成的。

午後斜陽從沾滿黑灰的窗戶與被火燒出縫隙的牆壁透進來，我們繼續挖掘媽媽留下的種種紀錄。

部分被火災燒毀的附屬建物。

拒絕開卡申請的信件，多達數十封。

有一份EZ當鋪（EZ Pawn）收據，媽媽抵押了她上課用的筆電，借了一筆錢。

她向某間高利貸公司借了三百美元，利息竟是百分之五百二十一。

有一份房屋檢驗文件，受檢驗的房屋位在蒙夕市。還有一份經房仲與屋主簽名的合約，只有媽媽的簽名欄是空白，看樣子，她幾乎跑完完整的購屋流程之後，在最後一刻退縮了。

一疊近期的薪資單，上頭寫著媽媽的舊姓。

一封回絕信，媽媽試圖以爸爸的名義在威斯康辛州開銀行帳戶。

我的身分——我們一家人的身分——全貌，很快地扭曲了，變得面目全非。我聚焦於這幅圖中每一個意義深重的像素——我們的手機、我們的家、我爸媽的婚姻、我們的名字、媽媽對我外表的一句句批評，還有每次發生身分盜竊事件時她打發過去的言詞，她每一次堅稱犯人不是針對我們——想到這一切，想到遠遠看去即使不溫馨也必然是事實的全家福，我突然覺得它噁心無比。這些年來，我一直為了自己的身分被某人盜用而痛苦掙扎，現在，被盜走的身分還了回來，卻變得腐爛而破碎。我已經不知道自己還要不要這個身分了。

「怎麼會發生這種事？妳信嗎？」那個寒冷的三月下午，爸爸重複了一次又一次。他檢視了一份又一份的文件，受到一波又一波無情的衝擊。

「我不敢相信。」我這麼回答，但實際上，更令人難受的事實是，我漸漸相信了。

35

媽媽去世之後、我們無可名狀的恐怖被發現之前的那幾週，情況不對勁的線索不時會出現。單看這些線索，你會覺得困惑——這些不符合我們認識的媽媽的形象啊。然而，事後想想，再考慮到附屬建物找到的文件，線索編織成了令人心底發寒的布幔，我們終於看清媽媽不在我和爸爸身邊時，究竟是什麼人。

爸爸最先遇到了「驚喜」。媽媽去世隔天的下午，他致電瓦斯行，想請他們更改帳戶的名字，並請他們來幫我們補一些暖氣用的瓦斯。我們窩在醫院的漫長時日，瓦斯缸儲量已經降到了百分之五。我們回家後數小時，我走進廚房，發現爸爸對著電話怒罵。

「你們不來幫我們補瓦斯，我就自己用拖拉機把它從地下拖出來，你們自己去八〇〇號南向公路上找瓦斯缸去！」一段沉重的沉默過後，爸爸又罵道：「喔，你說我不能這樣做？我跟你保證，我絕對做得出來。」

「發生什麼事了？」我邊問邊拿杯子裝水。

「他們不賣瓦斯給我們！說是因為帳戶用的是妳媽的名字，而我們欠他們九百塊錢。」

「什麼？」我放下水杯，雙手抱胸。

「對啊，他們說這個狀況已經持續好幾年了。他們說，妳媽會放著帳單，一整個春天和夏天都不繳費，等需要補瓦斯了才繳錢。」

「她有什麼理由這樣做？」

「我也不曉得。我有給她繳瓦斯費的錢啊——我每年都有給她。」

「哇。」我不知該說什麼才好，也許當時家中的經濟狀況比我想像中拮据吧。

爸爸一如往常地用自己的方式解決問題：找一個認識他、知道他是老實人的熟人，請對方幫幫忙。在電力公司與天然氣公司那邊出問題時，他也是這麼解決問題的。這些財政疏失，令我想到媽媽提供的各個電子信箱與線上銀行帳密，她給的帳密都不能用，我還得一個個試出正確的組合。我本來以為那是嗎啡導致的記憶混亂，但那可能是媽媽最後的詭計，她為自己爭取了一點時間，讓我們晚一些發現她的種種惡行。

這些魯莽的決策乍看下當然很糟，但還不到邪惡的程度，等級應該和我們在媽媽床底下找到的大量鞋子差不多——我們數到四十雙，大多是閃亮的高跟鞋，而且看上去幾乎全新，甚至從來沒穿過。爸爸說他根本不曉得媽媽買了這些東西。我們還找到一些珠寶首飾，媽媽和外婆一樣，抗拒不了首飾的誘惑。本該用來支付瓦斯費、讓家裡有暖氣吹的錢，被她拿去買了堆積如山的珠子與廉價首飾。

◆
◆
◆

隔週的星期四晚間，天黑過後，我發現自己和爸爸幾乎沒有將媽媽的死訊告知其他人。我們打了電話給麗莎姑姑，爸爸的員工與同事知情、鄰居也知情，那媽媽的研究所同學、同事們，還有和她在餐館坐在雅座上談天說地的朋友呢？我本來在準備隔天早上一堂課的授課筆記，突然卻想到了那些在媽媽臉書塗鴉牆上貼了鼓勵與支持文、卻遲遲沒收到回覆的人。我沒有加她的社群媒體好友，但我看過她在沙發上或病床上看動態消息，知道她經常使用臉書，也在上頭公開了罹病的事情。

我用我猜到了帳密的電子信箱，設法改了她的臉書密碼，登入後、貼了則公開貼文給她所有的朋友看：

大家好，我是帕姆的女兒，艾克絲頓。從我媽媽過去幾天收到的訊息數量看來，她好友名單上很多人都還不知道，她二月時在和博基特氏急性淋巴性白血病的奮鬥中敗了。如果有任何需求或問題，歡迎私訊我。

我重讀了這篇貼文數次，正準備回去工作時，媽媽在廣播電臺認識的一位老朋友傳了訊息過來慰問我。我打開訊息提示，向他道謝，同時也看見了媽媽所有其他的訊息。我也不知自己為何想看，或許是因為我想念她，想閱讀她生前寫下的文字，在腦中想像她的聲音吧。我點開一串很長的對話，對方是媽媽在奧爾巴尼那間餐館的一位女性朋友。我捲到最舊的訊息，一開始只是隨便瞄幾眼，也不曉得自己究竟在找什麼。螢幕上，一句話吸引了我的目光：

農夫擔心我每天自己開車去里奇蒙太危險了……他擔心我的安危。他退休了，可以開車載我。

我讀了下去。

爸爸可還沒退休，他仍舊天天在畜舍與雜貨店之間來回跑呢。媽媽是不是在耍這位女性？

這個啊……我滿喜歡我們一起做的親密行為的。我可以吃到晚餐，不過我真正喜歡的，是我可以得到的其他東西。哈哈！

我忍不住皺眉，媽媽還真是口無遮攔。我想到先前在浴室裡找到的驗孕棒，大腦叫我關閉視窗，我的手指卻離不開向下捲動的按鍵。訊息變得愈來愈奇怪了。

我絕對不要別人把我和什麼人交往的事告訴我女兒，那是我的工作，我要是想告訴她，我會自己說……前提是我想告訴她！

……

確定離婚了。我們沒有同居，可是很常見面。我五月底得搬家，最近找到一間不錯的房子，不過他要我在五月之前先租房子，先別做決定。

……

我今天去看一間房子，除了臥室裡洋紅色的牆壁要重漆以外，隨時可以搬進去。

……

我現在還和約翰住在同一棟房子裡，約翰動不動就會來幹活，他雖然沒有直說，可是我知道他很介意，他也常常提到這件事。他會若無其事地問我最近有沒有見到「我的老男人」，我跟他說那個人已經不是我的「老男人」了，他就說：「你們結婚三十七年，他永遠都會是妳的老男人。」我說：「你和太太結婚的時間也一樣長，那你們離婚以後也是這種關係嗎？」他說不是，我想也不是，但他很不放心。

……

農夫想先保持低調，我也懂他的想法，所以我會讓著他。我們有在往來，只是不會讓別人發現而已。

我駭異地全身一縮。餐館裡那個老農人？媽媽不可能和那個人搞外遇吧？還有，她怎麼會扯這些荒謬的謊，說她和爸爸離婚了？這就是為什麼她的臉書用戶名字是婚前舊姓嗎？我望向時鐘，從登入臉書到現在，已經過了一個多鐘頭。我不曉得媽媽為什麼要這樣愚弄她的朋友，但這真的不關我的事。我一再告訴自己：我應該直接蓋上筆電。心裡雖這麼想，我卻點開了另一串對話，這又是媽媽和奧爾巴尼一位朋友的對話。

近期不會發生什麼事。我女兒會回來跟我過平安夜和聖誕節，希望我們可以談開來，讓她重新認識他。她認識他，也喜歡他，只是不曉得我們關係多近而已。

……

他對我求婚，給了我一枚超大的鑽戒。

四克拉的鑽石喔。

我全身一僵。那枚戒指。那枚超大的鑽戒。我在自己的婚禮上用它代替了媽媽真正的婚戒——我們一直找不到的婚戒——然後在她面前，在爸爸面前戴上了那枚戒指。那時，她全看在眼裡，還露出了微笑。我的胃彷彿脫軌的列車，在腹中翻騰。

艾克絲頓可以接受，她喜歡他，不過她需要一點時間適應。

我憶起媽媽在世的最後幾分鐘，當時我一面口頭描述自己的行動，一面完成待辦事項。我登入這個帳號了；登入那個帳號了。爸爸下樓拿筆記本了；他剛剛忘在車上。啊，媽媽，妳的臉書沒有關。我看看妳的相片喔。我說到這裡，她整個人坐了起來，眼神驚慌，唇齒嚅動，彷彿在找尋什麼。然後，醫師在她的死亡證明上寫道，她是死於心臟衰竭。

她是不是意識到了我會在臉書上找到什麼？是我害死了自己的媽媽嗎？

忽然間，時間已經是凌晨三點鐘。說不定是我神智不清了，說不定我是在作夢。訊息變得愈來愈奇怪：

我大概清晨六點出門兜風，湖上沒什麼人，只有水岸附近幾個漁民，所以我可以超速。正拐過最後一個超速區的時候，他們從一座島的另一邊出來，就在我前面……他們往後看，那時候我的時速大概是八十五英里。我一看到他們就馬上讓船後退，也往左急轉，我沒撞到他們，可是他們的水上摩托車翻覆了，撞到了她的頭，她死了。那是他們偷來的摩托車。我當場停下來，抓著所有的救生衣跳下去，救了男的，可是我還沒趕到，女的就已經走了。

還好現場有很多目擊證人，警察說我可以說是英雄，但我完全沒有英雄的感覺。女孩子是寄養家庭的孩子，受俄亥俄州政府監護。男孩子十六歲，父母都丟了工作，他們失去了一切。他們擔心我告他們。沒有人能告我，因為他們是在犯罪的時候受傷的。我回到家那個星期五晚上，農夫非常激動，我是在回家的半路上告訴他的。史蒂夫（Steve）的弟弟妹妹接我回家，他叫他們直接經過我家，把我帶去他那裡。他在公共場合雖然像狗娘養的，可是私底下，他可是最棒的男朋友！

我轉向右手邊，媽媽的骨灰罈就擺在客廳架子上。「幹，搞什麼鬼？！」我一拳打在黃銅容器上，指節燃起痛楚。

約翰留我和艾克絲頓兩個人在家的第一天，是我這輩子最糟糕的一天。

她可能是嫉妒可以離家工作的爸爸，也可能是嫌我成了將她綁在家中的錨，但是讀到那句話——媽媽這輩子最糟的一天，是她和我兩個人在家的某一天——又是一種全新的痛苦了。比身分被盜用還痛苦，也絕對比眼睜睜看著癌症摧殘媽媽來得痛苦。

我寄出一封電子信件，取消了今天的課程，然後撥一通電話給正在上班的羅伯。在他聽來，我想必是瘋了，嘴裡吐出一個個荒誕不經的故事片段，試圖讓他理解荒謬到我都說不出口的事實。

「先別管了。妳也不知道這些是什麼意思啊——別告訴妳爸，總之先別管了。」

「她到底在和那些朋友玩什麼變態的遊戲？」我一再重複這個問句。

數週後，我會發現，媽媽用變態遊戲愚弄的對象不只是朋友……而是包括我在內的所有人。

36

我們在舊鞋盒裡找到催款信；我們在灰塵滿布、紙頁泛黃的書中，找到停止供應各種服務的通知；我們在被人遺忘的購物袋底部，找到當鋪的收據；我們找到了更多購屋文件，是那棟牆壁漆成了洋紅色的屋子；我們找到一張四百美元的收據，是在當地百貨公司買「兩件式鋯立晶戒指套組」時留下的。我用來當婚戒的鋯立晶戒指——小王送媽媽的戒指——其實是她自己在蒙夕市的梅傑（Meijer）買的。

我們承受來自四面八方的打擊，已無暇傷心難過，我們的哀悼似乎也硬生生止住了。一個你很明顯不瞭解的人死了，你該如何哀悼？有那麼一點時間，可以考慮如何控制災難以外的事情時，我回憶起自己多次對媽媽哭訴自己的身分被盜用，想到自己在西拉法葉的沙發上哭著打電話給她，或是徒步走在哈瓦那各個角落、苦苦哀求車行讓我辦汽車貸款後，崩潰地透過電話對她訴苦。我想起廚房裡空無一物的櫥櫃，想到警長來送媽媽進監獄的那天，想起財務處裡那股紙張與紙箱的霉味，想起自己十二月在露臺寫作業，冷得瑟瑟發抖。我想起自己面對一張張充滿懷疑的臉，努力告訴他們，我並不是遊手好閒、不務正業的人，而是無助的受害者。我想到自己起初認為自己的家庭太過扭曲，我甚至不該擁有未婚夫的關愛。我想起被學校送去露營時，那個彆扭的十三歲女孩，想起當時那種深深的恐懼，並為她心疼——我深怕爸媽的種種麻煩與恐懼侵入了我的血球。**妳為什麼要把這些放在心上？這又不是針對妳的犯罪。**媽媽總是這麼說。媽媽的謊言與欺騙殘害了我們的生活，撕碎了我的自我，還有比這更針對我的犯罪嗎？

然而，事實不只如此。現在她走了，沒辦法再守住她的紙牌屋，也沒辦法誘使我們遠離那座紙牌屋了，一切開始以驚人的方式解體。

稅務出了問題的第一個徵兆，是汽車牌照。媽媽三年前把爸爸的車撞壞之後，羅伯送了她一輛雪佛蘭Lumina，她死時，距離牌照更新的截止日期只剩兩天，而Park Avenue、Town Car與貨車的牌照也都必須在情人節前更新。更新牌照是爸爸待辦清單上的一大重點，但需要我幫忙做線上更新，他自己不太會用電腦。我們一起帶著媽媽的筆電去波特蘭圖書館，在圖書館靠後面的地方找了張桌子坐下，爸爸把文件和一張簽帳金融卡放在面前的桌上，像個認真的學生一樣仔細觀察我的動作，看我使用監理所網站。再過不久，他就得自己做到這些事情了。

「怪了，」系統第二次拒絕讓我更新時，我說道。「它說這幾張牌照沒辦法線上更新。」

爸爸嘆了口氣。

「那我們直接去奧爾巴尼的監理所，現場更新吧？」我提議，希望能讓他打起精神。

「好，反正我要去印一份貨車的所有權狀副本。妳媽說監理所上次出了差錯，他們把所有權狀寄出去，結果不知怎麼寄丟了。誰曉得這是怎麼回事。」

我做好心理準備，等著又一場殘酷的驚喜來襲。

「先生，您的貨車所有權狀在銀行那裡。」監理所櫃檯後面的灰髮女士說，她的眼睛道出我們無比熟悉的一句話：喔，又來了。

「不可能啊，我們好幾年前就把車貸還清了。」看得出爸爸又激動了起來，隨時準備和人再吵一架。

「爸爸，我們會想辦法的，文件應該被媽媽放在家裡某個地方。我們會想辦法解決問題的。」我又轉向櫃員。「那請問可以幫我們更新這幾張牌照嗎？我們還必須更改牌照登記的名字，我把死亡證明帶來了。」我將一疊文件推到櫃檯對面。

櫃員輸入了一些資訊，然後有些遲疑地看著我們。「先生，您知道這些汽車當中，有幾輛因為欠稅，所以可能被稅務機構留置嗎？」

「什麼鬼——」爸爸瞪大了雙眼，努力在我眼中找尋答案。

「一定是哪裡出錯了。」我說道。我知道，現在連我都在重複媽媽生前的口頭禪了。

「沒有。」她否定的話語說得很慢，彷彿想減緩對我們的衝擊。「看樣子，你們好像得補繳一些所得稅了？」

我早已習慣這種策略了，客服人員想必都受過訓練，說話時不是直接道出肯定句，而是提出問句。然而，儘管櫃員說得婉轉，爸爸的臉還是氣紅了——他咬緊牙關，眼睛眨也不眨。

「那這樣吧，我們回去研究一下再回來。」我邊說邊收回文件，彷彿我們該做的是重新檢查是否給錯了車牌號碼，而不是研究自己是否有逃漏稅。那輛貨車媽媽已經開好幾年了——我們一定有還清貸款，證明文件一定就在家中某處。然而，我們翻遍了媽媽的一疊疊文件，卻只找到貨車在一九九〇年代中期被買下後，貸款期限多次被往後延的證明。每一次，爸爸都不知情。本該五年償還的貸款，到了將近二十年後的今天，竟然還未還清。媽媽口口聲聲說所有權狀被寄丟了，結果到頭來，它根本就沒有寄出過。

至於所得稅之謎，就沒那麼好懂了。我在媽媽的銀行帳戶紀錄中，找到了補繳財產稅的紀錄，卻找不到以前的納稅申報單。既然爸爸現在得自己報稅了，我們決定請報稅員幫忙，這樣爸爸也能弄清楚狀況。他在雜貨店裡到處問問，有幾個人推薦印城附近一座小鎮的某個女性報稅員。三月中一個陰天，爸爸將可能和財政狀況有關的每一份文件都堆到了副駕駛座上。

我沒有陪爸爸去見報稅員，不過他面色慘白、驚慌失措地提早回來時，我也在家。

「妳媽十三年沒繳稅了。」他彷彿被割破的輪胎，字句如噴洩而出的空氣。

「慢慢說。」我動也不動地坐在躺椅上，剛才正在回覆電子信件。「她說什麼？全部告訴我。」

「她說：『先生，你已經十三年沒繳稅了，我可能沒辦法幫你。』」他無奈地說。這是對我、對全世界的無奈。

「好喔，那她還說什麼？」

「就這樣。我完了。我現在哪來這麼多錢，一口氣繳完十三年份的稅？」

「聽我說——我們可以想辦法。我們可以請稅務律師幫忙，跟他們說你之前都不知情——」

「我會幫動物們找個新家，然後——然後，我自己走了算了。」爸爸的目光穿透了我，彷彿在想像某個遙遠的地方，某個不會受媽媽的破事影響的地方。世界上還存在這樣的所在嗎？

「爸爸。停。」

「我決定好接下來要做什麼、去哪裡以後，會再打給妳。」

「我覺得，媽媽從你身上奪走的東西，已經夠多了。」

「我也只能把這地方賣掉了。我已經走投無路。」

「不對，這還不是末路。她奪走的已經夠多了，我絕不會讓她把農場也帶走。」

那天下午，我還是沒辦法說服爸爸，不過接下來數日，我查到了佛羅里達州一位專門接我們這種案子的稅務律師。律師表示他很樂意幫忙，但我們必須先付將近五千美元的費用。在那幾個鐘頭，我們以為又走到了死路，結果爸爸突然想到，自己多年前在店裡有了保壽險的機會，當時他幫媽媽保了一萬美元的壽險。

他用媽媽早逝換來的保險金，開始了替她償還債務的無盡辛勞。他的熟人與他人的恩惠，終於用盡了。

37

（就我所知）媽媽租了五個郵政信箱，散布在印第安納州各處。我們原本就知道她在波特蘭與奧爾巴尼租了信箱，印城七十一街上也有一個，那是媽媽在Q95上班時租的，她說那邊離她的辦公室較近，她去拿信也比較方便。那裡頭沒什麼信件，就只有幾張無線電視帳單與垃圾信件。然而，我們在蒙夕市的優比速（UPS）分店找到了令人不安的大量文件。

爸爸將死亡證明鋪平在櫃檯上。「我太太之前應該在這裡租了信箱。」他說。

年輕的男性櫃員傾身向前，食指在紙上找尋姓名，手指落到「帕姆．貝茲」幾個字時，他猛然抬頭，對爸爸露出會意而詭祕的微笑。「喔喔，對啊，她是在這裡租了信箱。」

寄給媽媽的信件堆了一箱又一箱，他們派了兩名員工才把信件全搬出來。她的信箱本體塞得爆滿，以致我們開鎖時，信件像那種惡作劇的彈簧罐一樣彈了出來。散落一地的信封之中，有十三封國稅局的正式信件，最後一封聲明我們的房子將被扣押。而且，這些還只是媽媽生命最後四個月的文件，是她病得無法開車時累積起來的。

我並沒有在某個時候下定決心不去找日內瓦鎮——波特蘭北方一座小鎮——的信箱，畢竟我目前為止已經找到夠多文件，整理起來已經夠忙了。此外——雖然我時常經過多日才想起此事——我還有一份工作，以及短短數週前剛開始的婚姻要顧。

◆◆◆

羅伯總是覺得，比起爸爸，媽媽才是「正常」的那一個。媽媽十分健談，無論是對誰都能談天說地，她和羅伯也能暢聊高爾夫球、電視節目或音樂。她在廣播電臺上班時，媽媽幫羅伯弄了幾張免費的匆促樂團（Rush）票券，贏得了他的忠誠與喜愛。

至於爸爸呢，他的想法再清楚不過：想和他談話，那就去畜舍找他。我前幾次帶羅伯回家，有一回，爸爸看著我未來的丈夫在前院打海綿高爾夫球，他不解地搖了搖頭。當時是十二月，下著凍雨，羅伯穿著短褲在室外打球。

「艾克絲頓，來看看妳男朋友。」爸爸說話的語氣，是他平時在晚間新聞上看到不贊同的消息時，他用來批評別人的語氣。

在附屬建物發掘文件的數週後，我去到了羅伯在東莫林的家，那是媽媽去世後，我和羅伯首度相見——也是我們婚後第一次相見。他住的是都市近郊的牧場風格房屋，前些陣子的灰色積雪堆在後院。我靠著洗手槽，盯著秀氣的花紋壁紙，那是前任屋主留下的。我努力壓下從骨子深處透出來的疲倦，只覺得自己和在潮濕的中西部來回奔波的車輪一樣，快要被磨平了。

「我是說真的——打從一開始，這一切都是她在搞鬼。」

「我真的不認為妳媽媽會做那種事，妳確定有把所有線索考慮進去嗎？」我早已習慣他的理工思維了。「這些東西都可能有別的意思，她可能是想替妳向銀行拒付爭議款項，所以才會弄到那些文件資料啊。」

「那逃稅的部分怎麼解釋？拖欠款項的戶頭呢？臉書訊息呢？」

「我就是沒辦法相信。」羅伯搖著頭說。

然而隨著時間過去，羅伯還是信了，我們所有人都信了。我們每個人都以不同的方式內化這份事實：爸爸付諸憤怒，羅伯接受了現實，而我——我漸漸感覺自己有了一股力量。我完成了其他人心目中不可能的任務，我解開了二十年的謎團，我也打算將自己能追蹤到的一切資訊，和其他研究資料一起用在工作上。我不需要羅伯幫忙，也沒有請他幫忙。在多年的遠距離戀愛，以及我童年孤獨的掙扎過後，向他人求助感覺相當不自然，無論是後勤方面、情緒方面或其他面向的協助，都很不自然。羅伯支持我、鼓勵我，但我不需要他在旁邊陪我。

事後想來，我假裝自己是犯罪現場調查員，著手調查媽媽不可思議的罪孽，而不是站在她獨生女的角度看事情，多少有解離的嫌疑。從許久以前，學術便成了我的心理療法，我已經習慣將個人生活中難以處理、模糊不清的情緒，轉變成冰冷而不容懷疑的的研究資料。話雖如此，我還是能原諒自己。我學到一件事：知識和人類的不同之處在於，知識不會背叛你。

38

賴瑞舅舅誕生到媽媽出生之間那十六年，是漫長而多事的十六年。除了媽媽告訴我的故事之外，我對那幾年知道得不多；根據媽媽的說法，外婆樂拉將賴瑞與他哥哥麥克留在孤兒院，自己跑到加州去了，數年後她才回到印第安納州、和外公結婚，然後把兩個兒子領回來撫養。我知道樂拉當時很年輕，沒辦法在承受家暴的同時養育兩個小孩，我一直以為她是因此逃離印第安納州——也許是出於恐懼、出於絕望，也可能兩者皆是。然而，我更深入挖掘媽媽的生命謎團之時，發現自己對她的母親的認識也少得可憐。

一九四〇年代對美國女性而言，是個和現在截然不同的世界，但即使在我小時候，我也隱隱感覺到，外婆想必是鐵了心才把兩個幼童丟在孤兒院。媽媽喜歡跳過孤兒院的部分，後來她說故事時，說得好像樂拉是把兒子送去給他們的菸舅舅與葛蕾絲舅媽照顧了。實際上，是葛蕾絲與菸舅舅收到了兩個孩子被送去孤兒院的消息，然後才自己把孩子們接回家養的。

媽媽去世後不久，賴瑞舅舅來農場探望我們，幫忙整理媽媽堆積如山的遺物——爸爸還在努力把生命中的艾略特家族遺物塞給賴瑞，但賴瑞沒怎麼幫上忙。「反正再過幾年，這些東西又會回到你們這裡了。」他告訴我們。

事後，我們在客廳閒聊，我決定對賴瑞問起外婆的事。

「你對樂拉的第一個回憶是什麼？」

「有一天，她突然出現在我們門口。」賴瑞說。

「那時候，你知道她是誰嗎？」爸爸問道。

「不知道，我已經不曉得多久沒看到她了。她說：『你是不是不認得我？』」

「你當時以為莰舅舅和葛蕾絲舅媽就是你的父母嗎？」我問道。我已經不記得「莰」這個綽號是怎麼來的了，但我隱約記得他們以前住在韋恩堡。

「是啊。」賴瑞點頭說。「然後樂拉說：『我是你母親，是來帶你們回家的。』」不過那時候她已經回這地方一陣子——已經認識了妳外公，和他結婚了。」

「等等，所以她去找你們的時候，已經回印第安納州住好幾個月了？難道她本來不打算去接你們嗎？」

「應該是。是喬治逼她的。」

「老天，那女人還真會花錢。」爸爸插嘴說，臉部因某種憐憫的懷舊之情而活了起來。「浪費得要命。」

「那是什麼意思？」我追問。

「不管是什麼東西，她都會無緣無故地買好幾件。我記得有一次，她買了十四盒跳棋，就因為它們有打折！」

我想到媽媽床底下的四十雙鞋。

「我告訴妳，她會嫁給喬治，是因為她以為他有錢。」他接著說。「她後來可失望了。」爸爸和舅舅齊聲大笑。賴瑞也許是讀懂了我的心思，他說：「原來妳媽比我想的更像我們媽媽，你們告訴我的這些怪事都證明了這點。」窗外，天空染上了紫色，我聽見山羊此起彼落的咩聲。

「賴瑞，你知道我媽媽高中最後一年——她住在印第安湖的那一年——是怎麼回事嗎？」

賴瑞仰頭望向天花板，思索片刻。「我記得他們為這件事大吵了好幾次，帕姆恨不得趕快離開波特蘭，她說因為喬治賣啤酒，所有人都欺負她。」

「等等！」我插嘴。「我還以為是喬治和樂拉要求媽媽去湖邊住，要她離爸爸遠一點。」

「不是，不是，不是，是帕姆一直求他們讓她去湖邊住一年。喬治當然覺得她瘋了，說她年紀那麼輕，怎麼能自己一個人住。他們有幾次大吵，我也聽到了。最後，帕姆吵贏了。」

「那禁制令呢？」我看向爸爸。

「喔，她一定是跟他們說他在騷擾她還是跟蹤她之類的，」賴瑞替爸爸回答。「她最後能吵贏，應該也是多虧了這個吧。」

爸爸抿著唇，點了點頭。

「好會擺布別人。」我說。

「就和她母親一樣。」爸爸又說。

「蜜雪兒告訴我，她記得樂拉罹癌、快死了的時候，她化了妝躺在沙發上，像是要參加宴會一樣把頭髮盤起來了。」我對舅舅說。「真的和媽媽一模一樣。」

「不只這樣呢。樂拉很會經營形象——還贏了本月優秀住家之類的獎，大家都以為她和喬治是完美的一對，但其實他們從不一起吃晚餐，去的是兩間不同的教堂，就連開車出門也都是開兩輛車。」

「我從沒看過他們有什麼親暱的表現。」爸爸附和道。

「他們有各自的生活。在沒有人看的時候，暗中做什麼也比較容易。」

我端詳爸爸，看著他的眼鏡腳貼著耳朵的黃褐色皮膚，以及耳後的兔灰色羽毛狀頭髮。所以，我爸媽的婚姻，是不是也有我不知道的一面呢？爸爸是不是也一直在觀察她？換作是我被送去給別人養，媽媽會回來接我嗎？

39

或許，並不是每個孩子都從小相信自己父母之間存在特殊而不可撼動的愛，但我確實如此深信。雖然見識過他們最火爆的爭執，在我心目中，他們還是會攜手偕老，永遠在一起。我心想：他們一起經歷了那麼多風風雨雨，兩人的婚姻核心應該存在某種深深的連結吧。

「喔，那時候我根本不想理妳媽。」我問爸爸他們是怎麼認識的，他這麼告訴我。那是在我們和賴瑞閒聊的數天後，我和身在隔壁州的爸爸透過電話聊天時，我發覺自己只聽過媽媽描述他們的交往過程。我告訴爸爸，我需要未經修飾的版本，我要他把故事毫不保留地告訴我。

爸媽是在爸爸的帕蒂姑姑介紹下，在俄亥俄州弗里堡（Fort Recovery）的直排輪場初次見面。弗里堡曾是印第安戰爭中兩場重要戰役的戰場，城鎮街道兩旁擺著大砲與美國國旗，彷彿一年四季都在過國慶日。爸爸小時候在直排輪場消磨了不少時間，剩餘時間則是在地方農場上打零工賺錢。帕蒂姑姑告訴他，媽媽是個「波特蘭來的可愛女孩子」，她覺得爸爸會喜歡。當時媽媽十二歲，已經對男孩子非常感興趣了。

在直排輪場見面的第一晚，爸爸想盡辦法遠離媽媽，但後來他們又在一場聖誕節派對相遇，他們的朋友還把爸爸打扮成聖誕老人，給媽媽一個坐在他腿上的藉口。爸爸不記得厭煩是在何時轉化為喜歡的，也許是媽媽提議和他做一些十四歲男孩難以抗拒的事情之時，不久後，他們開始天天見面，爸爸也漸漸融入媽媽的家庭。

「妳媽很活潑外向，我也喜歡幫忙把啤酒送去酒館。我喜歡當他們家庭的一分子。」有哪個十多歲的男孩子能抗拒啤酒與性愛？我問他為什麼娶媽媽，爸爸回答：「我要的一切都得到了，為什麼不娶她？」

至於媽媽有什麼嫁給爸爸的動機，這就比較難揣測了。她才剛以父母不希望她接近爸爸為由，在印第安湖待了一年，現在想來，她可能只是渴望離家的自由而已。爸爸一直懷疑媽媽在湖邊和別人劈腿，考慮到媽媽外遇的前科，這似乎相當合理。

儘管如此，爸爸還是過得很快樂，也想要組建自己的家庭，所以娶了媽媽。「很多人都勸我不要，」他說。「他們跟我說了她的各種缺點，說她自以為高人一等，說她只是在占我便宜。我的家人都受不了她，不過這主要是因為她把我從家人身邊搶走了。」

媽媽在敘述他們訂婚的故事時，可沒有提及這個細節。

爸爸告訴我，我出生前那幾年，他們的生活十分安穩，大部分時候也相當幸福。他們為了照料外婆而搬到農場上，後來外婆去世了，媽媽想留下來照顧艾略特外公，於是爸爸學會經營小農場。後來，爸爸終於說服媽媽試著當個母親。

「她會同意，應該是為了保住我們的婚姻吧。」他說。當我們聊到此處，已經坦承面對了媽媽以前不想生小孩，也不應該生小孩這件事。

「在生了妳之後，她變了，變得很暴躁。我不喜歡把妳交給她自己照顧。我下班回家的時候，她會在門口迎接我，把妳塞到我懷裡，對我說：『你拿去。』」

那一瞬間，我想到自己讀幼稚園時，媽媽每天花好幾個小時呆坐在電視機前看肥皂劇，如果我轉臺看卡通，就會被她臭罵一頓。她從來不想坐在地上陪我玩耍，我只能和貓咪玩。這就是爸爸帶我到處跑的理由嗎？所以，我和爸爸在樹林裡開闢小徑、傍晚在畜舍餵驢子，或是在酷熱的夏季捆牧草，全是因為媽媽不想帶我？

「不管我怎麼做，就是沒辦法讓她滿足。她恨那座農場，恨波特蘭，卻不肯離開。」深深的哀傷沉澱在我心頭。難道爸媽的婚姻，不過是場痛苦的鬧劇？「可是，你還是過得快樂吧？有時候會快樂吧？」

爸爸沉默片刻，即使是身在遠方的我，也能感受到他的不自在。

「艾克絲頓，還記得妳二年級的時候，有一次我去學校接妳，妳對我說班上有同學的爸媽不同姓嗎？妳擔心我們也會發生同樣的事。那時候我就告訴妳，交給我決定的話，我們一輩子都不會離婚。我是認真的。所以，我們沒有離婚。」

「其實啊，妳去讀大學以後，我就比較少在農場上幹活了。妳媽也不想參與農場上的工作，她只要我自己在一邊忙，只要保持忙碌、乖乖把錢交給她就是了。這些年來，我用牧草和驢子賺的錢至少有二十萬美元吧，全交給她了，我還以為那筆錢都存進我們的退休存款了。可是，那時候我們基本上是各過各的生活，從很久以前就沒在和共同朋友聯絡，這樣也比較輕鬆。我都在畜舍裡待到她睡了，然後在她還沒醒來的時候就出門工作。」

「那你知道她有和其他男人往來嗎？」

「我應該知道的。有一次，她說要去俄亥俄出差，我決定幫她檢查引擎潤滑油，還有確認備胎還能用。我打開後車箱，結果……」他沒再說下去。

「結果？」我問道，彷彿在鼓勵小孩子說出他的噩夢。

「裡頭放了狗項圈和鍊條，皮束帶還有SM的書籍。」

「天啊。」我感覺自己臉頰發燙。「拜託跟我說你有去質問她。」

「我有。我不該相信她的話的，但她說情人節快到了，她是想錄影片送給我。」

我沉默不語。

「我知道很蠢。那天晚上，我差一點就要跟著她出門，看看她要去哪裡了，結果我發現，我根本就不在乎。」

爸爸這個版本的故事，和我離家在外追逐學位時的想像截然不同。當時，我將他們逐漸崩解的關係，詮釋成年長夫妻的孩子離家後，家中一種安穩的陪伴，一種寧靜卻又令人心安的愛。

「可是最後，她是每晚都會在家嗎？還是她會住在農夫朋友那邊？」綽號說出口，我不由得皺眉。我已經把臉書訊息都給爸爸了，讓他自己找時間看。

「她每晚都在家，就算回來得比較晚，還是一定會回家。」

「你也從沒懷疑過她就是盜用我們身分的始作俑者？」

「妳媽脾氣很糟，也很會操弄人，但我從沒想過她會做出這種事。我和她在一起四十六年了。艾克絲頓，這太不可思議了。太不可思議了。」

我也想不通……媽媽為什麼要做這些？爸爸並不笨，他可是從無到有，自己打造了一間可以正常運作還可以賺錢的休閒農場，自學了培育與照顧當地最搶手的牲畜與牧草的方法，雜貨店裡的顧客與員工都很愛他。我親身體驗過媽媽的霸道，知道你如果質疑她，她能讓你感覺自己愚蠢無比。我知道媽媽有能力做到這一切，卻怎麼也想不明白，她這麼做的理由究竟是什麼？

40

爸爸很痛苦。他儘量隱藏了被媽媽背叛的情緒打擊，身體卻道出了事實。在雜貨店的班結束後，在動物都餵飽、畜欄都打掃乾淨後，他的血壓便會像信號彈一樣飆高。在他希望心臟休息的時刻，心臟便會釋放鬱積已久的怒火，彷彿一直在等著他注意到它。

爸爸不情願地看了醫師，他們開降血壓藥物給他，但效果不佳。他們指示他吃雙倍的藥量，並另外開了一劑藥，還是沒用。過了不久，醫師開始擔心他有血管阻塞的問題，我也擔心了起來。

爸爸的老朋友——喬（Joe）——是個牧師，他開始頻繁到家裡探望爸爸，除了確認他的身體狀況之外，還一再勸他參加教會的禮拜，喬認為參加禮拜可能可以加速康復。喬甚至提議在教堂外面插一根木樁，讓爸爸騎驢上教堂。爸爸很樂意邀喬到家裡聊天，卻對教會活動興致缺缺。

「你們總有一天會重聚的。」喬對他說。「她已經去到了美好的地方。」

「喬，這你不懂。」爸爸一次又一次挑戰他的論點。

我將媽媽最不檢點的臉書訊息放入了一個資料夾、交給爸爸數天後的一個晚上，他耐心地等喬去探望他。喬來了之後，爸爸邀他進屋，請他在舊沙發躺椅上坐下，然後把資料夾交給他。牧師目瞪口呆地瀏覽了媽媽外遇與不檢點的證據，而與此同時，爸爸問他：「你還覺得她去到了美好的地方嗎？」

喬遲疑片刻。「老實說，我覺得她去了非常糟糕的地方。」

那是牧師最後一次去爸爸家。

◆◆◆

我無法減輕爸爸的身心痛苦，但還是儘量每天下功夫處理他的財務問題。我在印城某間銀行帳戶裡找到了五千美元，爸爸聽了十分震驚。「她說那裡頭只有五十塊而已。」他驚呼。

「是啊，爸爸。」我重重嘆息。確實很不可思議，不過相較於媽媽其他的謊言，這次的事情似乎沒什麼大不了的，我們還能用這筆錢償還之前漏繳的部分稅金。所以，數日後爸爸打電話跟我說他想把那筆錢用在其他地方，我聽了相當驚訝。

「我真的很想買一臺重機。」他說。爸爸從以前就一直想買哈雷（Harley-Davidson）重機，不過在過去近二十年，爸媽都處於財務困境，當然沒錢買機車。媽媽總是口口聲聲保證，一旦她找到自己應得的好工作，第一件事就會是幫爸爸買哈雷。我們發現媽媽把錢都花在什麼地方後，她的承諾不僅顯得空虛，還無比殘忍。但是現在，爸爸店裡一個員工的熟人想賣車，那人罹癌，已經命不久長，打算賤價售出自己的所有物。男人想出售的所有物之中，有一輛橘黑相間的客製化哈雷重機，那是爸爸多年來夢寐以求的機車，而且價格又是爸爸可以負擔的八千美元。「財務上來說，這是很笨的決定。」他自言自語。

我知道，爸爸算是在徵求我的同意。

「財務上來說，這確實不是最好的決定，」我說。「不過對現在的你來說，可能是最好的決定。」我請他把這臺機車的照片傳給我。我打開簡訊的附件，發現這並不是旅行車，不是週日下午出門兜風用的休閒用車，不是情侶公路旅行用的車，而是重機中的跑車，是為了單人高速騎乘而設計。

幾天後，爸爸成了哈雷的主人，他馬上開始騎重機出門，像青少年一樣騎著它在印第安納的鄉村小路上飆車。我問他喜不喜歡他的新車，他說：「我受不了這裡的事情時，就可以直接上路。」他開始去馬利昂的哈雷店面參加集會與演唱會，在認識新朋友的同時遠離過去的生活，遠離以往那個以媽媽為軸心的生活。

但是，並不是所有問題都能用機車的雙輪逃避。爸爸現在完全在農場上獨居，短短幾個月內，他彷彿老了數十歲。

「這棟屋子對我一個人來說太大了。」他這麼告訴我，聽起來和多年前的艾略特外公有點像。即使有誰安慰他，說他不會孤獨一輩子，爸爸還是會搖著頭大力抗議：「我再也不和女人在一起了。不行，我再也不要被人占便宜了。」

他其實也不是沒得選，媽媽去世之後，傑伊郡似乎每一個女人都想來探望他。爸爸年近六十，卻常有人以為他比實際年齡還要年輕，而在印第安納鄉間，有吸引力的單身漢可是稀缺資源。爸爸說這些女人拜金，不過，他其實也沒有金可以給人拜了。

爸爸開始說自己當初結婚就是犯了大錯時，我還是個新婚女子，只能儘量壓下被冒犯的感受，聽著他宣稱：「怎麼會有人想結婚？我自己的錢和自己的東西都要自己管。」此外，他也不經意提過自己虛度了人生，還說，過了那麼多年，他從沒真正認識過媽媽。和媽媽不同的是，爸爸是個喜怒不形於色的人，也不太會執著於過往的傷痛，但我看得出，媽媽的背叛就如同附在他身上的寄生蟲，吸走了他重獲自由的快樂。

◆◆◆

在東伊利諾大學的「死週」(dead week)間，爸爸來了電話。(「死週」這個名字取得不好，其實校園裡還是非常熱鬧，只不過大多數學生與教授都窩在室內，忙著為期末考週做準備。)我把死週要改的作業與考卷鋪在廚房餐桌上時，電話響了，被打擾的我心裡有些煩躁。我們聊了一會，我不耐煩地打量堆在面前的一疊紙張，正準備想辦法結束對話時，爸爸突然宣布一則驚人的消息。

「那個，我打算帶一個人去見見帕蒂姑姑。」他有些心虛地說。

「誰啊？」我全身的專注力突然集中在他的聲音上。

「就只是工作時認識的一個女人。」

我聽出事情的走向。「爸爸，這樣真的好嗎？你不覺得現在還有點太早嗎？」我說道，音量與音調都逐漸拔高。

「艾克絲頓，她就只是個一起工作的朋友而已。」

「爸爸，我得掛了，我還有很多作業要改。」我將電話重重放到桌上，向後靠著椅背，對客廳怒目而視。媽媽的骨灰罈就在書架上，在四月底的陽光下閃耀。

「現在我又該怎麼辦？」我對她怒喊。片刻的停頓後，我又喊道：「我問妳做什麼？要不是因為妳，我也不會遇到這種事情！」

我上樓打電話給羅伯，告訴他爸爸交女朋友了。他大笑不止。

「艾克絲頓，妳都沒想過會發生這種事嗎？妳爸從十四歲就和妳媽交往，他這輩子幾乎沒單身過啊。」

羅伯說得有點道理。我不是不相信爸爸的眼光，而是不相信任何人的眼光。我等了幾個小時，然後才回他的電話。

「我把妳的反應告訴甘蒂絲（Candice）了。」他說。現在，那個女人不再是普通朋友，而是「甘蒂絲」了，爸爸還把我們私下談話的細節告訴她。羅伯說得沒錯，爸爸需要個伴，這是寫在他DNA裡的需求。

「爸爸，對不起，我只是怕你又被人利用了。」

甘蒂絲和爸爸在同一間雜貨店上班，她是鮮花部門的經理。她自己也經歷過不少困難，在一場糟糕的婚姻過後，她和爸爸一樣沒有積極尋伴的意思，不過在媽媽去世前後那幾週，爸爸亟需對人傾訴時，她默默地聽爸爸訴苦。一開始，爸爸對她說了帶媽媽接受癌症治療，同時完成家事、農活與雜貨店工作的巨大壓力，後來，隨著媽媽的犯罪行為一一水落石出，爸爸也分享了他心中的迷惘。爸爸的傷痛形成了深井，甘蒂絲則成了一個小平臺，讓爸爸稍作休息、對虛淵吶喊。

甘蒂絲不僅年輕（她比爸爸小十八歲），還是個青春的人，喜歡去諾布爾斯維爾市的大露天劇場聽演唱會，也深愛在夏季去墨西哥灣度假的時光。除此之外，甘蒂絲還和人數眾多的遠近親戚維持親密的關係。爸爸和她乍看下截然相反，不過我漸漸發現，對沉默寡言的爸爸而言，甘蒂絲是最完美的陪襯。她和爸爸的哈雷機車一樣，帶他走出了與世隔絕的生活，要求他走出媽媽制定的限制，進入在身分盜竊影響下顯得冰冷無情，實際上卻溫暖可愛許多的大世界。也許對爸爸來說，他們的關係重點並不是排解孤獨，而是他這輩子首次真正和一個人在一起。

儘管如此，我還是擔心爸爸受害。經過了媽媽的傷害，我對所有人都懷有戒心，尤其是試圖接近爸爸的所有人。更重要的是，我累壞了，也不怎麼想歡迎陌生人加入我們的家庭。

學期正式結束，成績都登錄完之後，我回印第安納幫爸爸把媽媽留在家中剩下的遺物清理乾淨。這幾個月對他而言太過痛苦，我還以為回到家會看見雜草與螃蟹草叢生的農場，沒想到我駛進車道時，映入眼簾的卻是繁花錦簇的豔麗花圃，以及修剪整齊的前院。屋外停著一輛陌生的貨車，卻不見爸爸的車。我的心沉了下去。

甘蒂絲帶著溫暖的笑容開門，一頭深棕色頭髮沒有綁起來，身上則穿著適合做家務事的衣服。「妳就是艾克絲頓吧！」她說，看那個動作，她似乎想擁抱我。

「甘蒂絲，妳好。我爸爸在家嗎？」我勉強擠出笑容，卻用肢體語言清楚地告訴她，我並不需要擁抱。

「不在，他還在上班。他覺得我們可以一起大掃除。」她邊說邊朝身後的屋子一揮。「進來吧！」她讓到一旁，讓我先進屋。他到底在想什麼啊。我暗想。

屋子內部和院子同樣一絲不苟。我上次回來，整棟房子正以驚人的速率解體，而現在，新漆逐漸取代了不停剝落的花紋廚房壁紙。這些都是甘蒂絲自願做的，她這麼做是想幫助爸爸，想讓他開心起來。

在廚房尷尬地寒暄幾句之後，我們一起走進洗衣間，旁邊的櫃子堆滿了舊鞋、衣物與好幾個容器的美勞器具。又是媽媽的遺物，東西多到像是無窮無盡。甘蒂絲拿起一個垃圾袋，撐開袋子拿給我。「這些東西都要丟掉嗎？」她問道。「妳爸爸說，如果妳不要的話，這些就全丟了。」

「可能吧。」我回道。堆積如山的雜物多得令人不知所措，我看著媽媽沒場合穿的各種鮮豔鞋履，回想起自己的童年。有幾週，冰箱裡空空如也，只有一些調味料與一瓶醃黃瓜，我餓到肚子痛。

討厭的想法在我腦中迴蕩，與此同時，我感覺到甘蒂絲溫暖明亮的存在，突然理解了爸爸願意放手一搏的理由。我發現，我自己也想得到甘蒂絲的幫助，她就像是後援投手，為團隊帶來了新希望與力量。問題是，我們可以信任她嗎？她是真的站在我們這一邊嗎？

我撿起一隻被穿過多次的涼鞋，用鞋尖指著甘蒂絲。「看到這個沒有？她都把錢花在這種東西上，全拿去買鞋了！」

甘蒂絲點點頭。

「如果妳要的是錢，那妳這是在緣木求魚。」我緊抓著鞋子，語調平和卻又堅定地告訴她。

「我明白。妳爸爸已經告訴過我了。」她輕聲說。

「錢都被媽媽拿光了。」

我將涼鞋丟回鞋堆，我們默默動手將媽媽大部分的遺物塞進垃圾袋。

41

我在印第安納待了一陣子。若在平時，我一把成績登錄到電腦上，就會去羅伯在伊利諾的家，但是在千百個未解之謎的驅使下，我被吸了回家。家裡還有好幾箱文件等著我去看，我必須和爸爸討論的事情說也說不完，其中一件要事是處理媽媽未繳的就學貸款，除了她讀完的碩士班之外，還有她剛開始讀沒多久，就被白血病打斷的博士班。爸爸在休息間的書桌前整理一疊拆了封的信封，準備讓我一一檢視，我則站在他身旁，把我查到關於放棄繼承死者債務的資料告訴他。除了逃漏的稅金以外，媽媽還積欠了十萬美元學貸——是她在未告知爸爸的情況下積累的債務——這感覺會是壓垮駱駝的最後一塊鐵砧。

「我知道這讓人壓力很大——我自己也欠了不少學貸。」我試著安慰他。

「妳欠多少？」爸爸心不在焉地問，手指仍在整理以前的信件。

「十萬元。」

他停下動作，抬頭看我。「不可能啊，我們不是幫妳繳清學費了嗎？」

「呃……沒有。沒有繳清。」

「有啊……我們繳了。」

熟悉的恐懼從肋骨縫隙鑽了進去。我很慢、很慢地說：「我讀大學那幾年，你給媽媽多少錢繳學費？每學期給多少？」直覺告訴我，事情走上了很糟糕的方向。

「一萬一。」

「媽媽每學期給我三千元學費，說剩下的部分我們付不起，必須自己申請貸款。你們幫我繳了學費，但住宿費是貸款來的，每學期八千元。」

「我每年都有給妳媽錢，讓妳去付住宿費。每學期都有。」爸爸的聲音愈來愈遙遠，他自己也意識到了我已然發覺的事實。

本該當作我大學雜費的四萬八千美元——外加利息——都被媽媽偷了。問題是，她偷那筆錢做什麼？

「幸好我三年就畢業了。」我想起自己大學時期急著拿到學士學位，急得像是被什麼人追趕一樣。我確實是被人追趕著讀完書的。

這份陰謀究竟有多深？我們究竟什麼時候才會查到事件的最底層？一切真相水落石出的日子，真的會到來嗎？

42

這幾週，我像鑑識人員似地搜遍了屋子，在媽媽可能藏東西的每一個角落找尋證據。我在她的衣櫃後面找到好幾個舊包包，把它們全部擺到床上，一個個檢查，每一層分隔都仔細搜過，手指探入每一個口紅形狀的小口袋。我將皺巴巴的收據放到一旁，晚點再回來細看，口香糖或零錢等其他雜物則分類堆好。我沒找到什麼，但後來，我在一個紅色與米黃色條紋包包裡，找到一封仍摺好裝在信封裡的信，收件人是貝茲爺爺。

媽媽去世時，爺爺不是和爸媽住，他在兩年前搬回去跟麗莎姑姑住了。不過，爸媽從波特蘭的農場搬到雷德基時，爺爺也一起搬家，原本住在活動住房裡的他，改住進家中的一間房間。要不是爺爺獨來獨往，家中可能會顯得擁擠，不過他還是天天去退伍軍人俱樂部或其他會所，其他時間則待在客廳看氣象頻道或第十三臺新聞。他和我們家的情緒連結非常淡薄，有一次，他在玩完賓果後酒駕被捕，被關在「酒鬼監禁室」的他放棄打電話求援，而是選擇在隔天早上搭便車回去取他的車。清晨六點三十分，爺爺的車駛進車道，那時爸爸正在匆匆餵食動物，以便開車到郡上各處的水溝裡找爺爺的車或屍體。

貝茲爺爺，二〇〇九年。

「你跑去哪裡了？」爸爸隔著草坪高喊。

「郡上的飯店！」爺爺回罵一聲，摔上了後門。

爺爺被吊扣駕照，還被迫接受酒精濫用的輔導。那年聖誕節，他給我們每個人的卡片裡都夾了錢，不符形象的行為令拆開信封的爸爸發問：「你快死了嗎？」

為了重新得到開車的資格，爺爺必須買特殊的車險，並對州政府提出證明。她請媽媽幫忙填寫線上表單，媽媽應該就是在這時候獲得了爺爺的個人資訊，然後以他的名義辦了好幾張信用卡。我在包包裡找到的信件，是我之後會找到的好幾封繳款通知之一，款項可以追溯到里奧納德·貝茲先生的幾張低額度、高利率信用卡。

貝茲爺爺並不是理想的身分盜竊對象，媽媽告訴過我，爺爺從沒建立過信用，還把他所有的錢都賭光了。話雖如此，他和我們同樣門戶洞開、同樣一無所知，媽媽還是榨乾了可以用他身分換來的兩三千美元。我們決定不將身分盜竊的事情告訴他，因為在我們得知此事時，爺爺已經病痛纏身，不需要更多無謂的煩惱了。

到了人生的末尾，爺爺一次又一次丟失了尊嚴。他因為腸子翻轉而住院數週，也因為長年穿著不合腳的廉價鞋子，腳上生了壞疽，沒辦法正常行走。因此，麗莎姑姑讓他住進聯邦醫療中心，他的病房牆壁被補得斑斑駁駁的，很是難看，據說是前任病人脾氣控制不好的緣故。我最後一次看見活著的他，是在某天上午，那天他就買機車的事拉著爸爸問東問西，最後坐著睡著了。

「強尼，做得好。」他對爸爸說。

那天稍晚，爸爸來電告訴我，爺爺跌倒摔斷了髖骨。兩週後，他走了。

爺爺沒留下任何辦喪事的錢，爸爸仍在和稅務糾紛奮鬥，麗莎也沒有多餘的錢辦喪禮。麗莎賣了爺爺的車，弄了塊便宜的墓碑，爸爸則把他和媽媽在墓園裡預訂的空位拿出來埋葬爺爺。那兩塊地是從前艾略特外婆送給我爸媽的禮物，「浪費得要命」的她一次都沒想過——也沒問過——爸媽是否會想陪她和艾略特外公在地下永眠。反正空地剛好打折出售，她就買下來了。

短短八個月前，我還站在外公外婆的墓前，央求他們拯救媽媽。現在，我看著貝茲爺爺的廉價棺材被放入外公外婆旁邊的土裡。距離此處十幾碼的位置，爺爺的前妻——和爸爸斷絕往來的奶奶——數年前入了土；糖尿病奪走了她一根一根的手指與腳趾，最後奪走了她的生命。我和爸爸並沒有參加她的喪禮。

四個人，兩對父母，數不盡的祕密、小糾紛，以及心碎。和他們年輕時的天然氣田與玻璃工廠一樣消失了，和我心中對家庭的理想一樣消失了……只留下一份份未償付的發票與催款通知。

43

那年夏季，我的人生化成了一系列令人不自在的問題與尷尬的對話。我必須查出媽媽過去的真相，那對我而言同呼吸與水一樣重要。我發現，我們家最簡單、最基本的事實都不過是精雕細琢的幻象，而與此同時，我不知是受到了什麼力量的驅使，急於以真相取代破碎的信念，無論真相再怎麼醜惡、再怎麼令人難受都無所謂。媽媽曾說服我們，愈少人認識我們愈好。現在，我明白她為何這麼說了。舉例而言，我明白了媽媽不許別人探病、不想辦喪禮的理由——這些事件會使她的多重生活與多重謊言爆炸性地碰撞、衝突。少了媽媽的阻礙，我下定決心找出一條條線索，為自己編織新的身分，一個真實而無可否定的身分。

從我高中時期在漢堡王打工那陣子以後，就沒再和哈莉特見面了。我讀大學時，她打過電話給我，名義上是來關心我是否習慣了住在校外的生活，但那之後我就再也沒和她聯絡過。媽媽罹病時，告訴我們別聯絡她的任何朋友，其中自然也包括哈莉特。她們一度情同母女，媽媽還鼓勵我稱哈莉特「奶奶」，不過時至今日，那份記憶和其他回憶同樣被腐蝕得面目全非。她們的關係真的有那麼親密嗎？還是說，那不過是我看見的假象？

薩拉莫尼河（Salamonie River）是迷路了似地蜿蜒穿過傑伊郡的淺溪，哈莉特和丈夫戈登就住在河附近的賓維爾鎮——波特蘭西方一個人口約七百的小聚落——一棟模塊化房屋裡。戈登以前是社福機構的主任，後來退休了，哈莉特則健康狀況不佳，不過腦子依舊清楚、犀利。在能下床活動的日子裡，她會撐著助行器在家中走動，到戶外對別人展示她的花圃時，她就用園藝鏟支撐身體。我在六月一個陰天登門造訪，哈莉特帶我繞了生機盎然的小花園一圈。

哈莉特是在德州長大的孩子，不過童年也在紐奧良著名的托羅醫院（Touro）——作家楚門·卡波提（Truman Capote）的誕生地——待了好一段時間。她天生膝蓋太小，與膝關節不吻合，所以有很多年都是在輪椅上度過。和她談話時，她的故事經常回到和其他數百名病童同住的時日：小時候的她忙著躲避殘暴的修女，並學著過「能力異於常人」的生活（這是她對自己的形容）。哈莉特在醫院裡開始將編織當成一種形式的物理治療，用落地型織布機練習四肢協調、強化腿部萎縮的肌肉。紡織就此成了她生命的一部分，她除了編織地毯之外，還會用羽毛、金屬與羊皮等複合材質布幔，對世人展現她引以為傲的切羅基（Cherokee）原住民文化。

媽媽從前在傑伊郡藝術家協會（Jay County Artists Association）當志工時，認識了哈莉特。哈莉特說，她一開始看媽媽似乎沒有專精任何領域的藝術，不知該怎麼看待她這個人。

「我專門織布，有人會做彩玻璃，有人會編籃，可是妳媽媽沒有她自己專長的領域。」哈莉特回憶道。「她先試了花體書法，然後是十字繡，後來就單純縫衣服。她縫了給自己穿的衣服，做得很漂亮，但是她不想把作品拿去賣，不希望別人得到她的東西。」

不愧是媽媽。我心想。

哈莉特記得我童年的點點滴滴——從我小學時和同學鬧不愉快，到我最愛哪幾隻貓，她全都記得——所以她說媽媽深深愛我的時候，我相信她。「艾克絲頓，她只是不曉得該拿妳怎麼辦而已。」

哈莉特家嬌小的吉娃娃米克斯犬剛才爬到我腿上睡著了，我一手擱在牠溫暖的背部，默默聽哈莉特描述她和媽媽的關係。

「我們認識大概兩個禮拜以後，有天她突然來我家，希望我能幫助她用花體字書法做工藝品。她說她高中美術課寫過一點，以前很喜歡。」於是，哈莉特開始教媽媽該製作哪些商品（「可愛的鄉村東西」）、如何銷售作品（「要做好賠錢的心理準備」），可是過一小段時間，哈莉特在媽媽眼中從導師變成了母親。

「她總是說：『我現在告訴妳的事，是我們兩個之間的祕密。』在她心情不好的日子，妳媽媽可能一天會打六到十通電話給我。」哈莉特回憶道。「我後來會直接插嘴說：『帕姆，我知道，這是我們之間的祕密。』」

「一天六到十次？」媽媽去世前，我可能一整週都打不到六通電話。

「在妳小時候，她這樣持續了好幾年，後來她爸爸走了，她就比較少打過來了。等她開始在恆達上班以後，基本上，就沒再打來過。」

然而，媽媽雖然頻繁打給哈莉特，她還是花了很長一段時間才真正對哈莉特敞開心扉。兩人相識五年後，哈莉特才得知媽媽有兩個同母異父的哥哥。

「她會說要邀請妳的兩個舅舅去她家過節之類的，她想要他們知道，她和他們的媽媽不一樣。」

「妳以前明白她那句話──『和他們媽媽不一樣』──是什麼意思嗎？」

「不完全明白，只知道她不想變得和她媽媽一樣。她很常提起這件事。」

除此之外，媽媽也花了一些時間才漸漸揭露她在臉書上和朋友聊過的婚姻問題。那是在我離家讀大學以後，哈莉特說那陣子媽媽開始歇斯底里地打電話給她。

「她說他會對她大吼大叫，用他想得到的各種方式羞辱她，說她蠢、說她無知，說她連蘋果奶油和屎都分不出來。」哈莉特坐在她的扶手躺椅上，身上穿著居家洋裝與及踝雪靴，她自己腿上也趴了條小狗。屋子後頭某間臥房傳出了地方新聞的聲音。

「不過，她編造的一些故事太不可思議了。」

「像是什麼？」我問道。

「像是有一晚，他氣得對她丟一把很重的大湯杓。那是用來攪拌大鍋燉湯的大湯杓，通常是食堂在用的。」哈莉特用雙手一比，描述湯杓的尺寸。

「我們家沒有那種東西。」我說。「媽媽從不熬湯，其實她根本很少做菜。」

哈莉特毫不遲疑地說下去：「這不像是我認識的約翰，我每次去你們家，約翰都非常友善，他也從沒對妳大小聲過。但是，我認真對她問起細節，她就會像事先排練過一樣開始哭，每次聽起來都一樣。」媽媽把藉口或辯詞或兩者都用盡後，往往會上演一種斷斷續續、近似打嗝的嗚咽，哈莉特模仿得很像，我點點頭，認出了那種聲音。「她的說詞一直不太合理。艾克絲頓，我一直不太確定她說的是真是假。」

「她有對妳提起其他男人嗎？」

「大概是她開始當證券經紀人的時候吧，那陣子她比較忙，我們比較少聯絡。她說有幾個證券經紀人會從韋恩堡過來幫忙，幫她弄到不少業績。」哈莉特努力尋找合適的措詞。「他們會在深夜過來，車子停在辦公室後面。有一個男人——她一直沒把那人的名字告訴我——會帶唱片機和老派音樂來找她，恆達辦公室只有他們兩個人的時候，他們會在裡頭慢舞。」

我忍不住莞爾。「唱片機？怎麼聽起來像愛情喜劇的劇情。」

「喔，那人還說，如果她願意和他走，他就會拋下自己的過去，跟她遠走高飛。」哈莉特對我揚起眉毛，像個聽小孩子說幻想故事的困惑家長。

「妳覺得，她為什麼要杜撰這樣的故事？」

「這個嗎。」她頓了頓，低頭看著腿上的狗，牠發出細微的鼾聲。「我覺得，她那時候應該非常哀傷吧。」

「為什麼哀傷?」

「我想，她一直沒從自己母親那裡得到她要的東西。她說過，她從沒有過朋友媽媽那樣的母親，她也一直希望她母親能像我這樣好好待她。她有一個判斷母親價值的系統，我聽得不是很懂。」

「她也是我的母親啊。」

「她希望妳喜歡她自己喜歡的東西，卻不曉得要怎麼讓妳喜歡上那些東西。在她心目中，妳應該要崇拜她、想成天和她待在一起才對。她很清楚想像了一種理想的母親身分，結果事情不如意，她好像很不能接受這事。

「而且，根據她的說法，妳很難搞。她說，只要違了妳的意思，妳就會用頭和手腕撞門框。」

「哈莉特，沒這回事。」

「我也是這麼認為的。我一直在妳身上找瘀青或傷痕，可是什麼都沒找到。話雖然這麼說，我和戈登還是很擔心妳的狀況，我們有時還擔心她對妳施加情緒虐待。妳開始恐慌症發作那段時期，她拒絕帶妳去看醫師，是我跟她說病情只會愈來愈嚴重，她才讓步的。艾克絲頓，妳去讀大學的時候，我們鬆了好大一口氣。」

我仍在讀大學時，媽媽對哈莉特說，她和爸爸的婚姻已經走到了尾聲。媽媽與哈莉特的談話次數逐漸減少，不過哈莉特記得媽媽打給她的一通電話，當時媽媽說她剛協助我搬進我租的第一間公寓，正在回家路上。「她說她花了好久才幫妳找到那間公寓，還說她每個月寫好幾張支票給妳，妳一輩子都沒辦法還清欠她的錢。」

「可是，那間公寓是我找到的，房租也是我自己出的。」我提出異議。「還有，她也沒有幫我繳大學學費——不算是有。」

「我敢肯定，她跟我說她給了妳很多錢，讓妳去繳學費。」

我對哈莉特投了個「別問，妳會怕」的眼神，她似乎立刻就懂了。

「總之，我就是在那個時候打給妳的。是在我聽說妳租了公寓之後。」

「我記得！可是那之後，我們就沒再聯絡了。」我疑惑地看她。

「喔，妳不知道嗎？那通電話過後，妳媽媽馬上打給了我。」哈莉特拍著大腿說。「她說：『妳不准再打給她、寫信給她，或是和她聯絡了！妳會對她造成不良影響！』」

「不良影響是指，妳以為我爸媽離婚了，還聽媽媽說過她下班後和男人開舞會。」我說道。

「是啊。」哈莉特點點頭。聊到此，我們都靜了下來，看著陽光用光影在牆上作畫，摸著在我們腿上熟睡的小狗。

◆ ◆ ◆

我回家的路上，手機貼著我的腿震動起來，是哈莉特。

「忘了問妳——後來妳和那個古代史教授怎麼了？」

「什麼古代史教授？」

「妳媽媽說妳和普渡大學的古代史教授在談戀愛，準備結婚。」

低垂、鬆散的雲朵，遮掩了夏季穹空。「哈莉特，那也是謊話。」我笑了。「我根本就沒修過古代史。」

44

媽媽去世隔天，我們偶然碰見了美心。那個寒冷刺骨的日子，我們茫然地從圖書館開到了監理所，然後再開去銀行。奧爾巴尼很多人都看過媽媽的車——它是輛卡其色敞篷的白色林肯Town Car——美心與賈瑞特看到這輛車，就朝我們開了過來，搖下車窗。很多時候，小鎮上的人際關係純粹是巧合建構出來的。

「帕姆最近還好嗎？」美心喊道。朔風吹得她的灰色短髮貼在額前，她穿著有領子的襯衫，外面穿了件運動棉衣，最外面又套了件牛仔外套。

「她死了。」爸爸簡短地說。

「她……什麼？」美心驚疑不定。

「她死了。」爸爸重複道，同時開始搖上車窗，中止這場對話。

我坐在車內，筆直盯著前方，只慶幸這場對話結束了。媽媽對我說過不能相信美心，說她說話口無遮攔，而且在失智症愈來愈嚴重的情況下，她更是會到處亂傳八卦。我在數月前打給了美心，把媽媽罹癌的消息告訴她，那次事件似乎印證了媽媽的說詞。那時，我還以為自己在做好事，結果這種感覺在美心開口時瞬間灰飛煙滅：「妳爸爸怎麼會在醫院？去陪她的人不是應該是『她的農夫』嗎？」我聽了對美心吼道：「他怎麼會在醫院陪媽媽？妳到底在說什麼鬼話？」美心沉默了。

現在回想起來，我也不知道那次對話為何沒在我腦中引起懷疑，可能是因為我已經被強烈又陌生的情緒充滿，到了極限吧。我沒問美心這句話的意思，而是對她大發脾氣，怪她在這種時候問出如此愚蠢的問題。我知道小餐館的女人們有她們自己的小世界，簡直像是國中生的小圈圈，我對她們幼稚的流言蜚語毫無興趣。我對媽媽提及此事，她只簡單地說：「我就說吧——是阿茲海默症。別再打給我的朋友了，交給我處理吧。」那是我們封鎖資訊的初始。

我讀了關於「農夫」的臉書訊息之時，最先想到的是美心。我當時怎麼沒認真聽她說話？要是我多問幾句，也許就能在媽媽還活著時質問她了。

我打電話給美心，向她道歉。

「我全都知道了。」我說。

「妳知道什麼了？」美心小心翼翼地問。

「媽媽在外面亂搞的事情。」

「例如？」

「我知道『農夫』的事，知道媽媽跟別人說她有搞外遇。那些我全都知道了。」

「噢，親愛的。」她就只這麼說。

我們在奧爾巴尼一間餐廳見面，那是間昏暗、老舊的酒吧，同時也是鎮上少數幾家餐廳之一。美心給我一個溫暖而熟悉的擁抱，她丈夫也來了，他是個高大、溫柔的男人，美心每一次開玩笑，他都會露出笑容。美心很愛開玩笑，她和媽媽一樣辛辣尖刻、口無遮攔，而且非常樂於表達自己的意見。她肯定會把我想知道的一切都告訴我。

她和媽媽會認識，其實是一場意外（畢竟是小鎮）。某天，她和賈瑞特走進奧爾巴尼的恆達分行，打算拿幾份文件，卻和媽媽與她的祕書愛波（April）聊了起來。愛波懷孕好幾個月了，但是他們沒有人力填補她產後坐月子時的空缺，愛波於是開始思考是否能把嬰兒床放在辦公室裡。聊天結束時，美心接受了工作邀請，決定成為媽媽的臨時助理。

她們處得非常融洽，這是人盡皆知的事實。

「雖然跟上司玩鬧不太好，可是我們真的玩得好開心。」美心捧著她的無咖啡因咖啡，面帶懷舊的微笑。「帕姆很會玩，和什麼人都可以打成一片。」

「說到和別人玩，請說說她和那位『農夫』的關係。」

美心嚴肅了起來，壓低聲音說：「我告訴妳，他和我們其他人一樣，以為妳媽媽已經離婚了，他們那個純粹是肉體關係。帕姆說旅館都是她付帳，酒錢也都是她出，男方好像不是很想太深入交往。」

「她是什麼時候對妳說起『離婚』的事的？」我一面說，一面用手指在空氣中框出「離婚」兩個字。

「是她在廣播電臺上班那陣子說的，她說她上司的律師幫她閃離了。」

「閃離？」

「沒錯。不過我們在恆達上班的時候，她對我說過他們已經合法分居，所以她才能做那些事情，不受別人干涉。」

「『做那些事情』──這是什麼意思？」

「喔，就是韋恩堡那個男人。」

「會開車到她辦公室，和她跳舞的那個人？」

美心哈哈大笑。「就我所知，是妳媽媽開去韋恩堡找他，有時甚至一個禮拜去兩趟。她回來以後，把赤裸裸的故事都告訴我了。」

「天啊，赤裸裸的故事是什麼？是我該聽的東西嗎？」

美心壓低了聲音與下巴：「啪啪啪，辦公桌清空了就直接上。她對我說過很多細節，真的很多。」她坐回座位上，環顧四周，看看有沒有人在聽。

我雙手掩面，試圖隱藏燒紅的臉頰。

「然後啊，還有史蒂夫。」美心似乎沒注意到我的羞窘。「妳知道嗎？就是印第安湖的男人。

妳媽媽說他有一次來接她，在我桌上留了字條給我，不過我覺得那是假話。」

「什麼意思？」

「意思是，我覺得那是她自己瞎編的。老天啊，艾克絲頓，她可是會寄鮮花給自己、巴不得別人關注她的女人呢。她說她和史蒂夫有一腿，對方還想更進一步發展。她也是這樣說妳爸爸的，說以前都是妳爸爸追她。」

「其實是她追爸爸，至少一開始是這樣。」我望向餐廳另一頭，看著午餐吃得有點晚的幾個家庭，他們顯得無比正常，我好嫉妒他們平凡無奇的對話、不會發生意外事件的午後時光。媽媽以前一直堅稱我們和這些人不一樣，她這點倒是說得不錯。

「她有對妳提過身分盜竊的事嗎？」我問道。

「她說過之前遇到一些信用卡的問題，但那是她自己的私房錢。那時候我聽得不是很懂，也沒怎麼放在心上——她說妳外公死了的時候，她繼承了很多錢。」

「這些妳都相信嗎？」我用吸管攪拌杯中的可樂與愈來愈小的冰塊。

「我是相信她有錢——不然她怎麼有辦法動不動就上鄉村俱樂部？她說她是出去拉關係、拉生意，但我猜她就只是去俱樂部而已，她說她在那邊也有個男人。可是啊，有時候我會叫她別再裝了，像是她開船的那一次——」

「喔，她宣稱自己救了一個男孩子一命那次？」

「對！」美心用攪拌咖啡的小湯匙指著我。「我跟她說：『帕姆，妳少來了。』」

「那後來怎麼了？妳們後來關係就沒那麼好了，對不對？」

「這個啊，我後來發現，妳爸媽根本就沒有離婚！她一直說妳爸爸壞話，說他不讓她做自己、不讓她交朋友之類的。她說她恨那座農場，每次打開衣櫃就會聞到她媽媽的味道，可是約翰說什麼也不肯搬家。」

「不完全是這樣的。」我說。我已經解釋到累了。

「而且，他們還會一起出現在鎮上，我們每個人都很懷疑她的說法，所以啊，我決定自己去一探究竟。我跟珊迪（Sandy）開車過去──妳爸爸在前院，我對他大喊：『約翰，你結婚多久了？』他一臉莫名其妙地看我，回答說：『如果她撐到六月，那就三十九年了。』那時候，我就知道妳媽媽一直都在說謊。就這樣，我受夠了。」

「妳怎麼沒告訴我爸爸？」

「親愛的，那不是我該說的話，就像我不該直接告訴妳一樣。還記得妳打給我時，妳說妳全都知道了，我不是一直問妳問題、確認妳說的『全都知道了』是什麼意思嗎？我希望妳能用妳要的方式記住妳媽媽。妳爸爸呢，他已經是大人了，輪不到我對他指手畫腳。」

「那妳在前院對我爸爸問話以後，妳怎麼做？」

「我打了電話給妳媽媽！我就說：『帕姆，我問過約翰了，我知道妳在說謊。妳有病，妳腦子有病。』我說：『我受夠了，不要再打給我了。』」

「就這樣結束了嗎？」

「就這樣結束了。」

我反覆咀嚼這份新情報。被美心屏棄時，媽媽心裡有沒有難過？還是什麼感覺都沒有？我猜媽媽還沒聽到電話撥號音，就已經自動站上了受害者的位子。

「美心，妳覺得我媽媽生前有任何一個知心朋友嗎？」

「當然有囉，親愛的。」她說。「不過全都是她自己想像出來的朋友。」

45

印第安納州中東部的地貌仍與我童年相差不遠，這些鄉下郡份離蛛網般的公路與北部港口很遠，對開發商而言沒什麼吸引力。但過去數十年來，巨大的風力發電機開始矗立於此，宛如一隻隻對你打招呼的大手。數十年前，外公的電視天線對兒時的我顯得很不真實，而對此時的我來說，風力發電機也顯得同樣不真實。

初夏一個溫暖的傍晚，我們抵達葛瑞格與凱西的農場時，兩座風力發電機正在轉動。午後暑氣已然散去，徐徐薰風中，田裡的作物如整齊劃一的泳者似地移動。

我很期待和葛瑞格與凱西談話，他們不僅是和爸媽認識最久的朋友，從前在溫徹斯特經營溜冰場時，他們和爸媽、和我都相處了很長一段時間。他們是我的教父、教母，還是社群中受人景仰的人物，葛瑞格是印第安納州眾議員，凱西則是退休的銀行副總裁。葛瑞格與凱西售出溜冰場後，爸媽和他們的關係逐漸疏遠，這之中不存在醜聞與傷痛，不過是成年後，人際關係自然的潮起潮落。

我和爸爸去拜訪他們時，他們的女兒——媽媽以前的美髮師凱瑞（Kerry）——也和我們共進晚餐，感覺有點像家族聚餐。葛瑞格和爸爸又和舊時一樣談笑風生，兩個人湊到一起，又變回兩個嘻笑打鬧的小男孩了。我們大啖凱西的塔可餅沙拉時，他們開始緬懷過往。

「你要說嗎？」爸爸竊笑著。

「不要，你說！」

葛瑞格和爸爸紅著臉，在椅子上扭來扭去。

「爸爸，快說啦。」我說。

「是叫克羅姆兄弟（Cromer Brothers），對吧，葛瑞格？」他看向朋友。

「對，克羅姆兄弟，那邊什麼東西都可以買到一大堆。我們以前會在午休時間過去——在那個年代，我們午休時間就像是野放——經過那間店的時候，妳老爸說：『停車！』我們都不知道他想買什麼。」

片刻的沉默過後，兩個男人再次捧腹大笑。我多少聽得出故事的走向。

「到底有多少個啊？」葛瑞格問爸爸。

「十二盒，每盒十二個。保險套多得不得了！」在場的男性繼續狂笑，女性則哀嘆一聲。

「你一次買那麼多保險套？」我們其中一人說。

「每次都要去加油站休息區買，我已經受夠了！」爸爸提出理由。

爸媽的高中生活，和我自己的體驗相差十萬八千里。

「可是我滿喜歡妳老媽的。」葛瑞格顧到了禮節。「不管要對她說什麼，還是在她旁邊說什麼——」

「對啊，她不管聽了什麼都不會吃驚。」凱西替他說完。「我記得帕姆真的非常活潑。」我迅速瞄了爸爸一眼，我們很熟悉媽媽「活潑」的一面，但只有走出家門才看得到。

葛瑞格和凱西買下溜冰場時，是爸媽幫他們修整了一番，媽媽幫他們記帳。我每週六早上去學溜冰，很快就成了優秀的競速選手，我們幾乎每週末都泡在溜冰場。我問凱西，媽媽那時有沒有提到自己不快樂，或是婚姻有任何問題？

「喔，沒有啊，她從沒說過他們有什麼問題。他們過得很好，有很多錢，她也很愛農場和那些動物。」

「不對，她並不愛農場，也不愛動物。」爸爸插嘴說。

「她有！她說驢子都是她自己訓練的！」凱西反駁道。

「農場是叫什麼啊？」凱瑞發問。

「傻到家驢與騾牧場（Up to Our Asses Donkey and Mule Farm）！」爸爸的話一出口，惹來哄堂大笑。

「她最愛用那本印著農場名字的支票，寫學費支票給那間基督教學校了，她覺得那真的很好笑。」凱瑞說。

「難怪他們不喜歡我。」

「妳不是有一次不肯在學校參加什麼活動嗎……」

「布道會嗎？」

「對啊，妳不肯參加，她那時候好驕傲呢。她覺得那真的很棒。」

我忍不住露出笑容。如果當時知道了這些，那該有多好。

凱瑞應該是注意到了我的微笑。「妳媽媽是個很善良的人，還記得以前每次有人生小孩，她都會織披巾送他們嗎？她也幫我的小孩織了幾條——那些是我們的寶貝呢。」

我不知該如何回應才是。我已經好幾個月沒想到媽媽從前的慷慨大方了，她總是將自己那一面留給外人——鄉村俱樂部的客戶、餐館的女性朋友——我和爸爸太少收到她的讚美或禮物，以致我聽了凱瑞的故事，只覺得對不上自己對媽媽的印象。

「你們曾以為爸媽離婚過嗎？」問句像手榴彈一樣被我投入對話。我沒心情回憶媽媽溫柔的一面。

「這個嗎，你們是不是有分居過一段時間？」凱瑞問爸爸。

「從來就沒有。」

「可是帕姆說過好幾次，說你在外面亂搞。」

「亂搞的人是她！」

「明明是你啊，約翰！」凱西反駁道，彷彿她那個版本的真相、她那個版本的好友，能透過言語化為現實。此時，所有人的叉子都靜靜躺在了餐盤上。

「我記得之前聽媽說過，你和帕姆要分手了。」凱瑞跟著說。「那時候我真不敢相信，我還以為你們會永遠在一起。」

「她是什麼時候對妳說這些的？」我問凱西。

「這個嗎，我們是在一九九三年把溜冰場賣掉的……所以是在那之後，她有天打電話給我。那時候我們的關係漸漸沒那麼親密了，這就是人生嘛。」她用手畫了個「8」字形，象徵時間的洪流。「然後，一直到她快走了，我才又遇到她。我是在加油站看到她的，那時候我差點沒認出她。」

「她病得很嚴重。」爸爸說。

「我看得出來。她竟然穿了緊身褲。」凱西一個意味深長的眼神朝我投來。

「病得很重。」我重複爸爸的話。

「我偶爾會看到約翰和帕姆在一起，」凱瑞插嘴說。「但是我一直沒說什麼，只是以為他們復合了。」

「妳媽媽總是說妳外公非常有錢，非常、非常有錢。她每次都要對我提到她家多麼有錢。」凱西告訴我。「所以她說他們離婚了，我也不是很擔心。」

「那不完全是事實。」我說。

「我們開溜冰場那陣子，所有的帳本她都有經手，該弄到的資料她都有了，她怎麼沒盜用我們的身分？」

「因為你們沒有和她住，她沒辦法像控制我們那樣控制你們。」

「艾克絲頓，我還是沒辦法相信。我的孩子們也都無法相信。」凱西搖了搖頭。

我們中間的桌上，放著草莓派的殘骸，以及五根舔得乾乾淨淨的叉子。我看向爸爸，他坐在童年好友身旁，我已經好一段時間沒看到他如此放鬆、如此愉快的模樣了。然而，我心中卻只存有揮之不去的麻木迷惘。

戶外閃爍不定的暮光之下，風力發電機繞著不祥的紅光轉圈。在日間，它們顯得像巨人；在黑暗中，它們卻像是怪獸。

46

追思會過後，我以為再也不會和蒂芬妮（Tiffany）聯絡。

蒂芬妮是「行動派女性主義者」（Feminists for Action）波爾州立大學分部的部長，這是個支持女性生育權的社運團體，媽媽也曾是其中一員。到了人生暮年，媽媽開始大力提倡墮胎的權利與性別平等，她的臉書塗鴉牆上貼滿了女權迷因，以及嘲諷保守派政客的迷因。

媽媽才剛去世幾天，蒂芬妮就傳了臉書訊息給我，告訴我和爸爸，他們那個團體打算舉辦一場紀念好友的活動，希望我們能參加。那是在媽媽去世後、我們發現真相前敏感脆弱的時日，我們仍想以各種微小方式積極地緬懷她、追念她。活動當天，我特地從伊利諾開車三小時去蒙夕市參加一個下午的活動，爸爸則邀請了雜貨店同事，甚至連理髮師都邀去了。媽媽一直很堅持不要辦喪禮，所以這次克難的追思會就成了我們的替代品。

我和爸爸在波爾州立大學一座燈光昏暗的停車場碰面，一起走去舉辦追思活動的校舍。行動派女性主義者成員主要是大學生，我們到場時，有十幾個大學生站在教室靠後面的空間啜飲潘趣調酒。蒂芬妮走過來自我介紹，並感謝我們特地前來。

「妳就是艾克絲頓吧。」她面帶同情的微笑說。

「我是。這是我爸爸，約翰。」我邊說邊示意爸爸。

蒂芬妮陡然頓住了，眼睛微乎其微地瞇起。「約翰，幸會。」她生硬地說，說完之後很快地轉回來面對我。「我有東西要給妳。」

她將原本夾在手肘的資料夾交給我，我翻閱資料夾裡的文件時，她說道：「我們幾乎每個人都有寫。」

這些是關於媽媽的信，寫得近似阿諛奉承。

離開追思會時，我們雖然嚴肅，卻也感受到了令人振奮的驕傲。數月後，我終於明白蒂芬妮為什麼用看冒牌貨的眼神看爸爸了。我寫訊息聯絡她，她立刻回覆我。

> 規劃她的追思會，見到妳和妳爸爸的時候，我應該提起這件事的，這真的很奇怪。我一直以為他們離婚好一段時間了，還以為她有男朋友。那時候我有好多問題想問，可是那個時間不對，你們兩個都在哀悼，我也開始懷疑自己的記憶了。

我告訴她，讓人懷疑自己記憶出問題是媽媽的拿手戲。我請她形容女權團體所認識的帕姆。

那是情人節，我記得帕姆說她要先走，要去和「她的農夫」午餐約會。她對我說，他們會去對方家附近的餐館吃飯，那是座小鎮，她說鎮上的人都會用奇怪的目光看她，他們不贊同她和那個人交往。她對我說，這個農夫的女兒不喜歡她，以為她要的是農夫的錢，她只覺得這很好笑。

我沒辦法對這個年輕女人解釋媽媽餵她吃下肚的諷刺與矛盾——媽媽十分在乎他人對她的看法，重視金錢更是比什麼都來得多。我將自己發現的一小部分騙局告訴蒂芬妮時，她驚駭不已。

她是很好的朋友，很棒的女性主義者和倡議者，幫了很多人。可是我現在愈想愈覺得，在我看來，她呈現出來的自我幾乎和真實的自我矛盾。我覺得好心痛。

即使是透過臉書訊息，我也能感受到她發自內心的失望。我用短短幾句話，就把媽媽從受人喜愛的朋友，變成了居心叵測的陌生人。除了表示自己懂那種感受之外，我沒辦法安慰蒂芬妮。我偶爾會翻閱女孩子們寫給媽媽或追念媽媽的信，看到她們被媽媽唬得一愣一愣的，我不由得感到不可思議。

……妳花時間聽我說話、給我建議，妳的言語對我影響很深。就算到了現在，我想到妳對我的影響，就覺得好神奇。

……能認識妳，是我三生有幸。

……妳讓我們所有人看到，我們都能以妳為典範，成為優秀的女性。

……在我們餘生的旅途中，妳說過的話、立下的標準和留下的回憶，都將指引我們前進。

……帕姆，妳是我們團體中的母親，妳總是用智慧與愛鼓勵我們。

……我想告訴妳，妳說我是妳的「科學女兒」那時候，我真的好感動。

……在我們面對難關的時候，妳作為姊姊指導了我們，還為好多人提供了母親的支持。

為這麼多人提供了母親的支持，那為什麼沒有支持我？

47

比爾（Bill）是媽媽在恆達上班時的熟人。我在媽媽的臉書訊息中，找到了他的訊息，他問媽媽為什麼用婚前舊姓，他是不是錯過了什麼消息？

沒有，只是方便以前的高中同學來找我而已。她解釋道。我不曉得她和比爾是什麼關係，不曉得她為何對這個人道出她沒和爸爸離婚的實話，但她也加油添醋地說：**換作是約翰得了癌症，我一定會崩潰。**

我聯絡上比爾，想請他協尋消失的三萬兩千元。我從附屬建物的幾份文件拼湊出媽媽被廣播電臺資遣後，在二〇〇八年領出了一個個人退休帳戶裡的錢。這並不是退休帳戶滾存的狀況——媽媽是帶著一張支票離開恆達分行的——但她可能是在稅務罰款生效前，先把這筆錢存進了另一個戶頭。

得知媽媽去世時，比爾又驚又悲，在他印象中，媽媽從沒提過和爸爸離婚的事。他和我一樣，不曉得那筆退休金去了哪裡，倒是記得媽媽以前有另一個證券戶，但因為是太久以前的事情，他不記得那是哪裡的帳戶了。

CHAPTER 47

「還有一件事。」對話邁向尾聲時，他開口說。

「什麼事？」

「我記得妳媽媽說過一句話——如果這不是我該說的話，那我先跟妳說聲對不起——她說她把一些錢藏在俄亥俄州，在妳和妳爸爸永遠都找不到的地方。我那時候聽了不曉得是什麼意思，而且那是好久以前的事情，我已經不記得前後文是什麼了。」

「可是你確定她說了『俄亥俄』？」

「她說的是俄亥俄州沒錯。」

我謝過比爾，結束通話。也許俄亥俄州某處藏著三萬兩千美元，以及我一直沒收到的學費，但她究竟藏在哪裡？她有置產嗎？還是創了空殼公司？我緊張地在手心轉動手機，想像媽媽可能用來詐騙我們的各種方式。

48

一年不知怎麼就過去了，我回家的次數少了。爸爸現在有甘蒂絲的陪伴，我不必擔心他像《咆哮山莊》（*Wuthering Heights*）在濕地四處遊蕩的希斯克利夫（Heathcliff），如行屍走肉地在農場上遊蕩。我在授課與研究的閒暇時間裡繼續努力發掘媽媽所有的祕密，也一直和她的朋友們保持聯繫，以免錯失了餐館或鄉村俱樂部有人談到什麼有趣的情報。我做了一次次背景查驗與信用查驗，仔細研究了我們清掃屋子、附屬建物與郵政信箱時找到的線索。

除此之外，我也聯絡了以前所有報導過我們家故事的作家與記者，數十年未解的謎團終於解開了，此事相當引人注目，再考慮到犯人就是媽媽，我們家的新發現上了新聞。新聞媒體的採訪愈來愈頻繁、愈來愈關鍵，探尋真相的任務有了觀眾，我因此獲得繼續追查下去的動力。

媽媽去世隔年的夏季，我回傑伊郡參加她在俄亥俄州的四十週年高中同學會。俄亥俄的鄉村道路和跑道一樣筆直，兩旁盡是玉米田，像被拉伸的太妃糖一樣愈來愈細，一路延伸至天際。「我是帕姆．艾略特的女兒。」短短十分鐘內，我對著方向盤重複了第十次。「我是帕姆．艾略特的女兒。」

從媽媽的臉書訊息看來，她兒時的朋友以為她單身，而且在俄亥俄買了第二棟房子。媽媽還對他們說過，她在印第安湖有一間公寓，還有一輛貨車。我發現她加了一個關注印第安湖新聞的社團，於是翻遍了她的臉書，找到她畢業四十週年同學會的日期與時間。我私訊了活動組織者，自我介紹一番，並告訴對方，印第安湖是媽媽生命中一個重要的部分，我想參加同學會，加深對媽媽、對印第安湖的認識。對方回了封困惑的電子信件，但我還是花了二十五元登記參加活動。實際上，我是希望那裡的某人能揭露關於媽媽的線索或小細節，幫助我理解媽媽所做的一切。

印第安湖高中不過是幾幢其貌不揚的磚塊建築，建在兩條州內公路的交叉處。我在體育館外停車。「我是帕姆．艾略特的女兒。」我堅定地唸了最後一次，然後下車。我拉開包包的拉鍊，在裡頭摸索我和媽媽的舊照，這是我帶來的證據。我穿過停車場時，夏陽仍高掛在空中，照射著新上漆的停車線與防火道。

「喔！妳就是那個死了的女人的女兒吧。」我報上名字時，站在門口的女士說。她給我一張別在胸前的名牌，上面寫著「帕姆．艾略特的女兒」幾個字。

體育館長得和其他學校的體育館差不多，觀眾看臺被收拾起來、推到了牆邊，空氣中飄著橡膠墊與汗水的氣味，幾張長桌與圓桌上點了放在小圓杯裡的蠟燭。這次同學會不只有一屆學生參加，一九六四、一九七四、一九七九、一九七九、一九八四、一九八九與其他幾個年次畢業的校友都有出席。我找到一九七四屆的桌子，聚集在此處的就只有媽媽的少少幾位老同學。

「大家好，」我舉起一隻手，對桌邊眾人打招呼。「我是帕姆．艾略特的女兒。」

幾雙眼睛疑惑地看著我。

「妳確定？」其中一個男人問。「妳長得和她一點也不像。」

我已經準備萬全了。我把我和媽媽的合照交給男人，其中一張照片中，她開心地坐在印第安湖的碼頭上。

「我都不曉得她有女兒！」男人翻看著照片說。他舉起照片，目光在它和我的臉之間游移。

「我們連帕姆結了婚都不曉得！」另一個人說。他們在十年前的同學會上見過她，她當時沒提到自己已婚。在媽媽的四十週年同學會時，我三十二歲。她也沒在他們的臉書社團揭露此事，和我交談的校友們當中，沒有任何一人知道媽媽結過婚，也不知道世上有我這個人。那晚，要不是我帶了實體相片當證據，他們可能還不會相信我呢。

媽媽是在高中畢業後不到兩週結婚，明明是如此重大的事件，十八歲的她是怎麼保密的？

「喔，我記得她那年常和兩個男生往來。」松尼（Sonny）說。松尼是媽媽的故友，認識高中時期的她。在參加同學會之前，我打了通電話給他，先預習一下媽媽那些老同學可能會說的話。松尼毫不猶豫地告訴我，媽媽有和一個名叫史蒂夫的男人往來。「史蒂夫現在在佛羅里達州當遊艇銷售員還是顧問之類的，不過在讀高中的時候，他們關係很近。」

美心提過史蒂夫這號人物，但我怎麼也聯絡不上他，倒是在網路上找到不少他和媽媽的合照——是三十週年同學會上拍的。我和爸爸連她出席過同學會都不曉得，只記得她那陣子有「出差」，並在外過夜。她和史蒂夫畢業後仍保持聯繫，我查看媽媽的電子信箱時，找到幾封無傷大雅的信件。從他們的照片與對話——以及媽媽對朋友的說詞——看來，媽媽對這傢伙有某種執著，也對她過去在印第安湖的生活嚮往不已。從前在印第安湖的她，可是個自由自在的青少女。

「她一開始很安靜，可是後來她和我們互動相處久了，就漸漸變了。」媽媽與史蒂夫的共同朋友對我說起高中時期的媽媽。「她跟我們熟了起來，和我們相處得愈來愈自在。我們以前完全能讓別人走上歪路。」即使是成年後，他們仍舊走在「歪路」上，媽媽傳給高中朋友的訊息往往以「親親！」或「嗨，甜心！」起頭，她對他們分享了自己和誰上床、和誰同居，還宣稱自己和某個人訂了婚。然而，有一個人不肯對我透露媽媽人生最後幾年的情報，那個人就是史蒂夫。

史蒂夫和爸爸的外貌相像得不可思議，不過和爸爸不同的是，他過的似乎是陽光閃耀的奢華生活——至少，這是我從他臉書頁面得到的結論。在媽媽去世之後的這一年，我一直積極地想聯絡史蒂夫，他卻從未回過我的電話。我想問他，他以前是不是和媽媽交往，結果媽媽卻一畢業就跑去和爸爸結婚？他知道爸爸的存在嗎？他後來有沒有和媽媽談過錢的事情，或給過她什麼建議？

史蒂夫沒有參加同學會，我和其他老同學的對話也沒提供我任何線索。活動接近尾聲時，我走到體育館後頭，只見那裡擺著一張手寫的三摺板，上頭寫著「紀念冊」。海報下面有一本活頁冊，裡頭滿是已故校友的名字，我翻到一九七四年畢業校友的部分，找到了被列為「帕姆·艾略特」的媽媽。我用手機拍一張照傳給爸爸，他回道：哇。

外婆罹病時，外公很快就賣了他們的活動住房，再也沒回到印第安湖。我對爸爸說起參加同學會的計畫時，他相當擔心，他說我來這一趟可能不安全，但他也承認，這是沒有根據的擔憂。這地方究竟是有什麼問題，為什麼我們家的男性都如此畏懼它？為什麼我們家的女性都如此深受它吸引？

我知道爸爸會醒著等我回家，於是我將照片全塞回包包，走向出口。

西向開回印第安納的路上，低掛在地平線上的太陽直刺我雙眼，今晚的臺詞仍在我腦中迴響：我是帕姆·艾略特的女兒。

問題是，帕姆·艾略特是誰？我依然沒有頭緒。

49

我在羅德岱堡找到了史蒂夫。根據網路上查到的資訊，他在機場南方不遠處的船店工作，店面夾在95號州際公路繁雜的十線道與大西洋之間。我去佛州並不是專程去找他對質，不過我為了工作到清水海灘參加會議，這是前往佛州的絕佳藉口，我希望這次終於能挖出這傢伙對媽媽所知的一切，以及媽媽錢財的下落。

我花了約四個鐘頭才從清水海灘的旅館抵達可能可以找到史蒂夫的船店。我並沒有先去電聯絡店家、確認他今天有班，以免打草驚蛇。我行駛在被稱為「鱷魚公路」的路上，穿行於佛州，一路上遭遇了長條狀的好幾場大暴風雨。在雨勢暫歇時，我看到汽船體驗與炸鱷魚塊的廣告看板在路邊誘惑著觀光客。我再次演練自己到目的地之後要說的話、要問的問題。他們之間有一腿嗎？我在媽媽電腦上找到了史蒂夫家的照片，她是怎麼弄到那些照片的？

傳給她朋友珊迪的數百條臉書訊息，埋在媽媽的收件匣深處，媽媽在訊息中對朋友虛構了極其離譜的故事，史蒂夫就是故事中粉墨登場的主角。她告訴珊迪，她在某個時間點接受了史蒂夫的求婚——當然還有戒指——但後來改變了心意。在訂婚時，媽媽宣稱自己準備搬回印第安湖和史蒂夫同居，卻認識並愛上了她的農夫朋友。她對不瞭解實情的朋友說，她後來選擇了農夫。一則訊息中，她描述了歸還史蒂夫的訂婚戒指、讓他傷心，是多麼痛苦、多麼困難的一件事。另一則訊息中，她難掩興奮地說要重新裝潢「農夫」的家。這些訊息最值得注意的部分是，它們每一則都寫得很長且細節豐富，穿插了極富畫面感的摹寫與對話。媽媽很聰明，也是優秀的故事家，但即使是她，應該也花了好一段時間才杜撰出這些。

我不禁好奇，她是在什麼時候想出了狗血的劇情轉折，決定讓史蒂夫在故事中的她悔婚不久後突然死去，以便繼承史蒂夫的房子與貨車？她宣稱自己在史蒂夫死後感受到了深深的震驚與哀傷，她排練過這些情緒嗎？我只知道，她花了時間將史蒂夫家——或別人家——的照片存在電腦上，以便在朋友問起時炫耀一番。

船店規模很小，店面主要是一面面大片的玻璃，好幾艘水上摩托與浮舟之間有一塊小小的停車區。我深吸一口氣，這才打開店面前門。我告訴自己，這和媽媽死後我做的其他事情差不多，沒有特別奇怪。

「請問史蒂夫今天有上班嗎？」我問櫃檯的女櫃員。

「有喔！我去叫他下來。」櫃員熱心地說著，然後用廣播器喊他過來。數分鐘後，臉書照片上的男人走下樓，來到了大廳，露出困惑的微笑，努力思索我是他的什麼人。他有著和善的眼睛、一雙粗眉毛，以及一頭陽光灰髮，和我預期見到的人物不一樣。不知何時，在我搜查的過程中，我私自認定史蒂夫是媽媽的共犯，或至少是她的密友。媽媽將史蒂夫描述成富有且人脈很廣的遊艇銷售員，在我的想像中，我和史蒂夫見面時，他會梳著油頭、戴著墨鏡，背影音樂是《邁阿密風雲》(*Miami Vice*)的主題曲。結果，朝我走來的男人顯得親切溫暖，像是別人家最受晚輩歡迎的叔叔。

「你好，我是帕姆·艾略特的女兒。」我伸出一隻手說。史蒂夫臉上的困惑融化了，化為驚奇。

「我的天啊。」他說。他握住我的手，握得稍久。「妳真的是——真的是帕姆·艾略特的女兒？」

我跟著史蒂夫走進一間有著角落窗戶的空辦公室，我們在一張大辦公桌的兩邊坐下，彷彿準備簽下買船的合約。現在是週一上午，時間還早，店內只有少少幾個參觀的客人。

「妳媽媽在高中畢業後消失了——就這麼消失了。後來，她像沒事一樣出現在三十週年同學會上。」

「她有說過她結了婚嗎？」

「她說她離了婚，正在辦手續改回以前的舊姓，可是她沒有小孩。她從沒說過家裡有女兒。」

「所以你才一直沒回我的電話嗎？是因為你以為我不是她的女兒嗎？」

「老實說，我是真心以為她沒有小孩。這件事真的太奇怪了，我就只是不想被捲進去而已。」

結果，我還是千里迢迢來到佛州，把他捲進來了。

「你們一起讀高中時，她有說過自己訂婚的事嗎？我爸媽高中一畢業，就馬上結婚了。」

「一次都沒說過。」

「你上次在同學會上遇到她，對她有什麼印象？」

「她那時候……」史蒂夫在椅子上挪動身體，做出一些我看慣了的手勢。那是媽媽的朋友說她壞話前的動作。

「請說吧。」我鼓勵道。

「她感覺是特地去炫耀的。她巴不得跟我們說她在廣播電臺工作的事，還有她認識的那些明星，真的很奇怪、很誇張，好像看不出其他人有多尷尬。她感覺好像以為自己比拉塞爾斯波因特（Russells Point）其他人都還要厲害──對了，說到那個地方，活動住房妳還留著嗎？」

「什麼活動住房？印第安納那間嗎？」我問道。他是指我從小住的那間嗎？

「不是，是湖邊那間──應該是妳外公外婆以前那間。帕姆說她從她爸媽那裡繼承了活動住房，我以為妳後來也繼承了它。」

原來，媽媽對史蒂夫也說了謊。「外婆在一九七五年左右得了癌症，外公外婆那時候就把活動住房給賣了。」

「啊。可是妳媽媽說，她在我們同學會那一晚，就是住在那裡？」

「她很愛說謊。」

「在同學會上看到她，感覺真的很怪，她好像有個不為人知的生活。」

我笑了。「你應該上網搜尋我的名字。」

「什麼？」史蒂夫的眉毛在鼻梁摺成了「V」形。

「你用Google搜尋『艾克絲頓．貝茲－漢彌爾頓』。」說話的同時，我也意識到，這對他來說想必非常詭異。史蒂夫用鍵盤打出我的名字時，我看著他的臉。他用食指按下Enter鍵，然後靠著椅背，看著搜尋結果迅速出現在螢幕上。我靜靜看著他滑過一條條搜尋結果，發出震驚的輕聲。

他再次轉向我。「哇。太不可思議了。」

「我想請問，這些是你家的照片嗎？」我把手機放上辦公桌。史蒂夫拿起手機，開始瀏覽上頭的照片。

「這絕對不是我家，不過看起來像是湖邊的房子——我認得屋外的風景。看起來像是三月中？是早春的時候拍的吧？可能是船展那時候拍的？」

「船展是什麼？」

「每年三月，印第安湖都會辦大型船展。大家整個冬天都關在家裡，準備大買特買。」

「媽媽電腦裡好像有船展的照片。」我自言自語。

「這棟房子——」他指著我的手機。「——看起來像是出租屋，她會不會是去參加船展的時候住在這裡？」

「可能吧。」我邊說邊收回手機。我們的對話進行得比我想像中久，史蒂夫並不是我想像中陰險的詐欺犯，對話進行二十分鐘後，我就確信他並不是共犯。老實說，他和媽媽根本就不熟。

「她是新同學，那時候已經是高中最後一年，大家都有固定的交友圈了，所以她過得不是很快樂。我本來也沒怎麼注意她，不過有老師說我身為學生會長，有義務歡迎新同學加入我們學校。」

「所以，你只是照老師說的去做而已？」

「對啊。我是很可憐她，她也很喜歡我們——開始跟著我們行動。」

「跟著我們」這種說法，和媽媽對高中時期交友關係的描述相差十萬八千里，這些可是她一生一直渴望親近、渴望成為的人。去印第安湖郊遊那天，還有我童年的好幾次，她都會說起那些朋友，懷舊的故事最後總以笑聲與幾乎觸手可及的惆悵嚮往收尾。

我聽過他們的各種事跡，他們卻一次也沒聽過我的存在。

我沒對史蒂夫提起錢的問題，不用問，我就知道他會怎麼說。他不過是媽媽幻想故事中的一個平凡角色罷了，和我們其他人一樣，根本就不曉得媽媽把錢藏在何處。

◆

◆

◆

我一次又一次又一次翻過媽媽的朋友名單，把可能的證人全都查了一遍，可能身為共犯的嫌疑人全被我劃掉了。鄰居、妮拉、哈羅德、麗莎、鮑比與瑪莉，就連犯罪者葛瑞格・萊茵霍德也被劃掉了——媽媽會操縱我們的想法，明知這些人都是清白無辜的，卻讓我們以為這些人可能是盜用我們身分的犯人。我聽到了媽媽各個不同版本的故事，卻還是不認識她，不知道她在沒有裝模作樣、演戲、撒謊或盜竊時，究竟是什麼樣的一個人。她望向鏡子時，究竟會看到什麼人？有一次，我還考慮找「農夫」討論媽媽的事，但後來聽美心說是媽媽騙了他，他一直以為媽媽已經離婚了，我還是決定放棄。「農夫」和我們其他人一樣，是被媽媽玩弄於股掌之間的受害者。

一旦好朋友開始懷疑她說謊，媽媽就會立刻和他們斷絕往來。當過媽媽的聽眾、聽她說了史蒂夫與「農夫」狗血故事的珊迪曾告訴我，她從以前就知道那是假的。

「她會在臉書上說自己在『農夫』奧爾巴尼的家，可是我看到訊息明明就是從雷德基送出的。她總是戴著不一樣的鑽戒和手環進餐廳，說是他送她的，但我知道不是他送的。」

珊迪說，她不喜歡被欺瞞，但還是讓媽媽「繼續瞎掰」。就像讓她「跟著」到處跑的高中同學，就像在店裡看到她和前夫同進同出卻沒有提出疑問的朋友，就像讓她帶著後車廂那堆性愛玩具開走的爸爸，就像住在哈瓦那時感覺哪裡不對勁、卻還是讓她和我合簽車貸的我。我們之中沒有一個認識媽媽，但也是因為，她從未真正允許我們認識她。

50

「妳受傷了，傷得很深。妳感覺遭到了背叛。」

男人告訴我的話並沒有錯，我只是不曉得他為何把重點放在這裡。我感覺不太自在。

「妳需要一個交代。她有覺得很抱歉；她現在就在告訴我，她說很對不起。」

我之前沒有找過靈媒，也沒起過這個念頭，但麥克（Mike）是自己主動來找我們的，他聲稱自己有和鬼魂溝通的能力。爸爸在雜貨店糖果區認識了他——是共同朋友介紹他們認識的——麥可脫口說出：「有一股明亮的女性光芒罩在你身上。」

爸爸直接打斷他。「那是誰啊，我怎麼不知道有這個人？」他譏諷道。其實，他上回找靈媒已經是數十年前的事了，過去那位靈媒對他說了相反的話。那時，爸爸是和一些同事在午休時間去玩鬧，為了事後跟別人說而找了靈媒，當時的靈媒感應到一種黑光——有人正試圖傷害他。爸爸只認為那股黑光（就算真的有「黑光」這東西）就是有虐待傾向的奶奶，不過後來想想，也許靈媒說的黑光是指媽媽。

麥克站在一排巨大的豆粒軟糖罐前，提議幫爸爸和我感應看看。「別把你太太的事情告訴我，免得干擾到我的感應力。」

現在，我們坐在麥克家小小的客廳裡，他家擠在蒙夕市東區一叢樣貌平凡的廉價房屋之中。麥克罹患漸凍症（ALS），所以應該顯得比實際年齡蒼老，他身上沒什麼頭髮、也沒什麼肌肉，幾乎就要消失在沙發躺椅上。

身為學者，我只覺得這整件事都莫名其妙，根本就不信他能通靈。但反正試了也無妨，也許爸爸能從麥克這裡獲得內心的平靜。若在一般情況下，爸爸可能會把麥克當瘋子，但他知道警察前幾年在公開搜索失蹤大學生時，請教過麥克的意見。介紹他們認識的人是爸爸的同事康尼（Connie），他發誓麥克是貨真價實的靈媒。即使是內心存疑的我，也無法否認，麥克似乎真的知道些不該知道的事情。即使他事先調查過我們的案件，他對媽媽所知的細節，是一些網路上查不到的資訊。他說媽媽為「她做的一些事」感到抱歉（根據麥克的說法，她沒有明確說出是哪些事情），但我不怎麼在乎，我今天想聽的是實務上的情報——她把錢怎麼了、她是怎麼做到的——而不是情緒安慰。媽媽如果想心懷歉意地永世在地下遊蕩，那就隨她去。

「麥克，你還有找到什麼嗎？」

「喔，有。」麥克用慵懶而充分抑揚頓挫的語調說話，母音像搖籃曲一樣拉伸、延長。「妳和妳媽媽的關係好嗎？」

這似乎是無法回答的問題。自從得知了媽媽的種種罪行，我以為自己和她有過的母女情誼，現在似乎可笑地倒轉了。每當腦海浮現美好的回憶，我就會立刻開始揣測她的動機；舉例而言，回想起從前去購物中心的逛街之旅，我就會懷疑她營造的母女時光純粹是騙局，是為了繼續控制住我，以確保我不懷疑她。在這樣的心態下，我對媽媽的任何懷念，都會立刻硬化為科學分析。我不再能準確回答任何關於她或我們的個人問題，我在自己的人生中成了不可靠的敘事者。

「好，但也不好。老實說，我只想知道真相而已。」我很快地說，希望他能聽懂我關心的重點。

「但是，妳為什麼需要知道真相？」他並沒有聽懂。

「因為。真相很重要。」我低頭看著腿上的動物，是麥可養的長毛黑貓。他和我一樣是貓奴，整間屋子到處是貓咪主題的物品。他說他幫人與靈界溝通時從不收費，而是請人捐款給當地的動物福利機構。

「我不知為什麼感應到了『童年』。」他暫時放棄從我口中問出什麼。「這會不會是某種虐待的意思？」

我和爸爸揚起眉毛，相視一眼。

「她對我說了『童年』，妳可能可以從這裡調查起，想辦法找找她童年的醫療紀錄，找精神科醫師談談她的多重人格。」

「多重人格？」我也稍微想過這個可能性，卻不曾說出口。

「對。去找幾個醫師談談，想辦法查出她的頭腦有什麼問題。」

我想起被我收到某處的一堆堆醫療紀錄。

「還有你，」麥克轉向爸爸。「你可以結束這一段故事了。她希望你放下過去。」

「所以這不關我的事了？」爸爸開玩笑說。

「她很抱歉。她在死前有試著說出口，試著說些什麼，但她做不到。」

不用看爸爸，我也知道我們的心思都飄回了醫院，回到她生命最末痛苦掙扎的數秒。

「艾克絲頓，妳的情況比較複雜，比較不好分析，不過我感覺妳不久後會需要學習，也會獲得教育。妳還有些該學的東西。」

「還要學習？她有博士學位，現在已經在當教授了。」爸爸半信半疑。

「妳還有更多該學的東西。」麥克十分堅持。「妳將邁入事業的下一個階段。做好準備，放手去做，這會是好事。」

聽到他的指示，我點了點頭。教育與事業發展，這我都辦得到，令我不自在的是感情與道歉。

「她就在妳身邊。」

她當然就在我身邊了，從她死後，我大部分的對話和想法都脫離不開她。不需要靈媒告訴我，我也知道媽媽就在左近，是我一而再、再而三召喚了她。

51

二十多年前，「多重人格」一詞因為令人聯想到一個人存在界線分明的不同身分，後來逐漸不被人使用。今天，醫師把這種現象稱為「解離性身分障礙症」（dissociative identity disorder），以便傳達患者人格分裂的體驗。部分患者表示，人格分裂的感覺就像是被附身，也有患者表示，他們在不同版本的自己之間切換時，會經歷很長的轉換期。

解離性身分障礙症患者通常會有最強勢的主人格，這個人格會依賴他人、情緒憂鬱，且往往充滿罪惡感。其他版本的人格——經常被稱為「交替人格」（alter）——會和主人格產生全然不同的個人歷史、記憶與性格。我們認識的帕姆．貝茲經常癱在沙發上，長時間哀傷與憂慮。她朋友們認識的帕姆．艾略特活潑、大方，充滿了青春能量，她的身世背景和我的母親截然不同（結了婚卻沒有小孩、有虐待傾向的丈夫、離婚後交的新男友）。

解離性身分障礙症還有個症狀，是難以解釋的失憶，患者能回想起來的記憶不多，他們經歷的過往，充斥著排山倒海的情緒，就如媽媽對幾乎不認識她的高中同學莫名其妙的眷戀，以及她對父母不在身邊的執著。

解離性身分障礙症和其他情緒疾患一樣，通常是童年開始發展，可能會被嚴重的創傷引發——很多時候，患者都經歷過虐待。就如創傷後壓力症候群，解離性身分障礙症會發生在一個人無法整合人格的不同面向——意識、記憶、經歷——將這些面向結合成一個身分、一個自我之時，而之所以會有整合上的困難，很多時候是因為一些因素太過痛苦，無法好好調和。為了接受或處理肢體虐待、性虐待等生命中超出自身控制的事物，患者會發展出交替人格。

沒有證據顯示媽媽在小時候受過虐待，只聽她說過外婆性格冰冷，有許多強迫行為與失檢行為。我知道外婆大肆揮霍丈夫的錢，外公因為她近乎報復性的消費，差點宣告破產。我知道媽媽的哥哥——我的麥克舅舅——不肯談論自己的童年。我知道媽媽在十二歲時開始發生性行為，終其一生都相當放蕩淫亂，這是童年性侵受害者成年後常見的特徵。我知道媽媽在高中時期苦苦哀求外公外婆讓她離開波特蘭，去印第安湖讀書——那時候，她是想逃離什麼東西或什麼人嗎？她在印第安湖蛻變成了另一個帕姆．艾略特，那莫非是她的交替人格？我知道媽媽痛恨自己從小居住的石灰岩房屋，也就是我從小居住的那一棟。在爸爸的記憶中，他們搬回那個家之前，媽媽的情緒還算穩定（大部分時候也很正面），而在售出房子後，她如釋重負——我也注意到了她的變化。她是不是在那棟屋子裡經歷了什麼？她是否和我一樣，將童年的家視為恐懼與孤獨的所在？

我可能一輩子都查不到媽媽幼時是否受過虐待，而在她已經離世的情況下，我們也不可能幫她診斷出解離性身分障礙症。假如她確實是身分障礙症患者，那麼，她的人格很可能分裂成了我現在認識的兩個人。交替人格控制住主人格時，患者的自我認知、獨立性與行為都會大變；針對解離性身分障礙症患者的研究顯示，超過三分之一的人在交替人格的控制下，會進行犯罪行為。媽媽對眾人的欺騙，是她憑自己意志做的決定嗎？假如是超脫她控制的行為，那麼，還能怪罪她嗎？

值得注意的是，解離性身分障礙症是極為罕見的疾病，許多心理健康專家都認為大眾文化對於這種疾病轟動性的呈現方式，導致了許多不實的診斷（《變身女郎》（*Sybil*）與《三個夏娃》（*The Three Faces of Eve*）等電影上映後，解離性身分障礙症的診斷人數都有猛然飆升的趨勢），而實際上，罹患解離性身分障礙症的人口比例應該少於百分之一。部分研究者甚至相信，這種疾病的症狀其實是人們學習到的社會行為，極度擅長控制他人的人會將這些行為演練到爐火純青的地步。

如果要玩精神醫師遊戲，那與其說她是身分障礙症患者，她更像是精神病態者。精神病態患者的典型症狀，她樣樣都有：缺乏內疚、行事衝動魯莽、不負責任，以及高超的說謊技巧。媽媽自信到了自戀的地步，而且還有強迫行為、行事衝動，且自私自利。我確信，她並不具備愛別人的能力。

我把找得到的醫療紀錄全讀了個遍，在媽媽的紀錄之中找尋任何罹患精神疾病的證據，卻只對一句駭人的註記印象深刻。在癌症症狀——手臂上的腫塊、下顎的痛楚——之中，醫師還寫道：家中或職場上的衝突或壓力，使症狀惡化。固著的負面思想，包括死亡與自殺相關的想法。

精神病態者和正常家長不同，他們不會鼓勵孩子自力更生或培養孩子的自信，而會致力於貶抑孩子的自尊，批評孩子的能力或外表。如果精神病態者鼓勵孩子，那就是為了達到他們自己的目的，而在孩子有所成就時，精神病態者會搶先居功。

媽媽被診斷出癌症前的最後一張照片，是我帶去印城放在她病房裡的那一張。照片中，她和爸爸站在我身旁，我驕傲地舉起因兒童身分盜竊案研究而獲得的獎狀——我的研究，是出於她所造成的數十年被害妄想、恐懼與財政困境。照片中，媽媽的神情無比愉悅，笑得合不攏嘴。

52

最後的統計結果是，媽媽讓五十多萬美元憑空消失了。她去世時，我們家三人共積欠了一萬美元卡債（這還是我們知情的部分），媽媽借了十萬美元學貸讀碩博士班——但在那之前，她已經說服爸爸從401（k）退休基金預借五萬美元繳納研究所學費，爸爸也乖乖照做了。除此之外，還有從頭到尾都沒繳給普渡大學的將近五萬美元。

根據爸爸的估算，在農場經營得最成功那段時期，他賣牧草與驢子，至少賺了二十萬美元給媽媽，他以為那筆錢會存進他們的戶頭與退休金帳戶，沒想到這些帳戶根本就不存在。在我們收到抵押房屋的贖回權取消通知那個恐怖的日子，爸媽的爭執提升到了沸點的那一天，爸爸同意從401（k）退休基金提領四萬美元，將他們欠抵押貸款公司的錢還清。

媽媽被廣播電臺資遣後，她從退休金帳戶提出三萬兩千美元，我弄到了她提出這筆錢的交易資料，但在那之後，我就再也沒找到線索了。我還是小嬰兒時，外公幫我保了嘉寶（Gerber）終身人壽保險，他在死前說過，他把保險受益人改成了媽媽的名字。我想到要去檢查保險狀態時，果不其然，錢已經不翼而飛。

我無法估算爸爸的退休儲蓄帳戶可能可以產生多少利息，但假如媽媽照她自己的說法幫爸爸存錢，那麼，他現在應該就可以退休，再也不必工作。

我們不曉得這些錢都到哪去了。我們知道的是，外公去世過後，媽媽花錢如流水，珠寶首飾、鞋子與奧爾巴尼高爾夫俱樂部的午餐，她都不要錢似地買了下去，消失的錢財有一部分是這樣被她花掉。然而，在印第安納州鄉間，一個人一輩子花了五十萬美元卻只買到一些小東西，那就很不容易了。

我撰寫這本書就和進行身分盜竊事件的學術研究一樣，主要是為了幫助他人——我的目標，是幫助任何受這種犯罪行為殘害的人。不過在很小的一方面，我寫這本書，也是希望世界上某處的某個人讀了之後，會發現他們能回答我的疑問。我想找到真相，因為真相很重要。

53

近期，爸爸畜舍裡的一隻貓生了三隻小貓咪，我們找到牠們時，牠們擠在母親劇烈起伏的肋下，眼睛還睜不開，嘴裡發出令人心碎的甜美喵聲。小貓的毛髮仍微微潮濕，在驢欄窗戶透進來的朝暾下閃爍，每一隻小貓都是白雪般閃亮的銀色。

母貓懷孕時如果生病或經歷了某種壓力，小貓的發育就會出一點問題，牠們不見得會生病，但本該在懷孕時期發生的現象——例如毛髮的色素沉澱——有時不會發生。逆境中的母貓所產下的小貓，經常擁有厚厚一層閃亮奪目的灰色毛髮，人們稱之為「熱毛」（fever coat）。

隨著小貓成長茁壯，斷奶後學著減少對母親的依賴，熱毛會漸漸一簇簇脫落，過不久，牠們就會變成牠們本該長成的顏色——驚人的墨黑或火焰般的橘紅。網路上到處是「會變色的魔法貓」故事，不過其實就是小貓長大，轉變成自己真正的模樣；如果在幼時沒經歷創傷，牠們本就該是現在的顏色。

爸爸和我驚奇地站在這窩小貓旁邊，每當一隻翻身或擠上去喝母乳，我們就跟著發出愛憐的驚嘆。爸爸拯救過的動物不計其數（他最近收養了兩隻火雞，因為前任主人打算吃了牠們），但每次有新動物入住或誕生，他就會充滿了孩子氣的興奮。人們初次來農場時，他總是十分享受對他們介紹每一隻動物來此的過程，尤其是他養的大型驢。閃電（Lightning）是頭乳白色的驢子，在牠還是種驢時被人用鏟子毆打過，剛來爸爸的農場時，牠充滿了憤怒與恐懼。有著深色眼眸與天鵝絨鼻子的雷鳴（Thunder）以前被嚴重虐待，牠對人類害怕不已，每當人類接近，牠就會全身冒汗。這些平和的動物從以前就是爸爸的避風港，牠們為他帶來快樂，讓他暫且逃離金錢問題、土崩瓦解的婚姻與不可思議的背叛。

至於我就沒有這樣的避風港了。我為自己打造了詐欺與身分盜竊案專家的事業，不得不一而再、再而三地涉入人性最殘酷的部分，無數次反覆檢視人們互相欺騙、互相傷害的理由，研究人們新發明的欺騙方法。只有知道自己的工作能幫助別人——像我一樣的人，孤身坐在沙發上、手裡拿著信用報告的人，央求車行幫忙辦車貸的人，深深受過傷害的人——我才能得到安慰。

最為諷刺的是，我選擇走這一行，就是將自己的又一塊身分犧牲給了媽媽對我犯下的罪行。我將媽媽的背叛當作生命的中心，許多方面而言，就是宣揚了她的臭名。我沒有褪下熱毛，而是緊緊抓著那層閃亮的銀白毛髮不放，一次又一次又一次將自己的創傷放在顯微鏡下細細檢視。

有時候，我想到自己失去的一切，會為事情的不公不義而憤怒。我們家的身分盜竊案雖造

去闊德城看3A棒球賽的我和羅伯。

成了嚴重的財務衝擊，但很多方面來看，那反而是最無關緊要的傷害。信用可以重建，童年無法重來。舉例而言，我沒辦法和童年好友重聚，邊喝咖啡或調酒邊敘舊，聊我們在高中喜歡過的男孩，或是我們以前穿過什麼難看的衣服。我沒有這樣的好友。小時候的我不被准許有這樣一個閨蜜，無法每晚在本該寫作業的時間花好幾個小時和她講電話。

其實，光是回家就很困難。傑伊郡邊界和爸爸的門廊之間的空間，總是在我心中激起一種狂暴而特殊的焦慮，即使在陽光明媚的日子，我總感覺一朵不祥的烏雲跟著我，開過了荒蕪的大地。

時至今日，已婚的我仍在和丈夫遠距離戀愛。三年前，我接下了南達科他州一份工作，羅伯則留在了愛荷華州。能有這麼一個理解我，知道我需要花大量時間精力工作的伴侶，一個儘管婚姻關係異於傳統，依舊對我忠貞不二的伴侶，是我此生的大幸。我們的關係之所以經營得好，是因為我們都同樣是忠誠且偏愛孤獨的人——但也是因為我在和人保持一點距離的時候過得最好，這就像是我和世界之間的一層安全緩衝。我現在愈來愈不需要它了，可是我還無法完全捨棄。

與羅伯在一起時，我不時會出其不意地主動承認自己花了錢。「我今天花兩塊錢買了一件出清的T恤。」我會如此宣布，讓他知道我們每一分錢的去向。我也喜歡把一天份的信件交給他，廣告單、傳單，以及有詐騙嫌疑的次級貸款廣告，全數交給他，我相信這是我童年至今尚未痊癒的傷痛與推動力。

我們喜歡和成群姪子姪女以及我表姊的小孩玩耍、相處，但我和羅伯應該永遠不會自己生小孩。媽媽以前總是告訴我，我「太優秀了，不該生小孩」，她就愛在稱讚我的同時貶低我。小時候，她不讓親友送我嬰兒娃娃，說是要我知道，女人除了生育小孩之外，還可以達成更遠大的成就。也許她是想賦予我力量，也可能是她對自身身分的另一層否定。

媽媽的言語至今仍會侵蝕我的自尊、影響我的飲食習慣。我從很久以前就不再服用減肥藥或節食了，但我還是討厭在他人面前吃飯，媽媽過去對我的評判，現在改由其他人施予我。儘管擁有學位、殊榮與幸福婚姻，我仍然缺乏自信，無法用他人看我的方式看自己。很多時候，羅伯總會鼓勵我吃多一些，還有多吃幾餐。

媽媽去世後的這些年，我和爸爸的關係變得親密許多，部分是出於實務上的理由（兩人聯手與國稅局相抗，總比一個人好），也有一些純粹是情緒上的原因——過去的經歷告訴我，在受到創傷時建立的感情，往往最為深厚。

媽媽在世時想盡了辦法，就是不讓我和爸爸建立親近的關係。有時，她在對我的外表做出傷人的評論時，會聲稱那是爸爸私底下告訴她的。有時，她會對爸爸說，其實是我不樂意在農場或我們的小鎮上生活。她有策略地在我們之間製造鴻溝，藉機完成對我們的欺瞞，畢竟我們父女連成一氣之後，她就無法為所欲為了。從最終的結果看來，她的想法絲毫不錯：我和爸爸果然是最棒的戰友。

現在，我不太常回農場陪爸爸，也比較少機會和他目睹新生命的誕生，不過我還是固定會在聖誕節假期與暑假回老家。下次回家，小貓就不會是小貓了，牠們會長大，變成身形修長、動作慵懶的農場貓。牠們還是會和火雞、驢子與霧角（Foghorn）——喜歡偷貓食吃的壞公雞——同住，還是會和母親住在同一個開放空間，但牠們不會再和母親共用一個稻草窩，或在戶外的狗群號叫時衝回母親身邊。到了那時，牠們的一簇簇銀色毛髮早已四散在風中，而到了晚間，印第安納落日在天空綻放粉色與紅色之時，牠們會在整齊的一排排大豆或我們家土地邊緣樹木糾結的林子裡互相追逐。牠們將會自由自在，有能力追尋心之所向，展開邁向遠方的冒險。

謝辭

這本書的原型是一份Word檔，我在二〇一三年發現媽媽是身分盜竊犯之後不久，開始記錄小時候身分盜竊相關的回憶。若不是許多人提供意見與指導，我根本就不可能走完從回憶的流水帳到成書的這趟旅程。

首先，出書過程中不可或缺的人物是我的出版經紀人——伊維塔創意經紀公司（Aevitas Creative Management）的蘿倫・夏普（Lauren Sharp）。她在播客上聽我提到想寫一本書，分享自己童年作為身分盜竊受害者的經歷，她看見我這篇故事的潛力，主動聯繫了我。蘿倫介紹我認識同為中西部人的愛許莉・史汀森（Ashley Stimpson），是她幫助我用一般大眾會想閱讀的形式寫出我的故事。為了真正瞭解我和故事中的其他人物，愛許莉在寫作過程中去了兩趟印第安納州，和書中提及的很多人見了面。此外，我們還花了好幾個鐘頭通電話，討論這本書的內容。

我的編輯——華納圖書（Grand Central Publishing）的葛瑞琴・楊（Gretchen Young）仔細幫助我們建構了本書架構，而她的助理艾蜜莉・羅斯曼（Emily Rosman）回答了我對於出版流程的許多問題。

撰寫這本書的過程中，我學到了不少自己家族的歷史。這都是多虧了以下各位和我開誠布公地對話：我爸爸約翰·貝茲、賴瑞·羅莎莫舅舅、蜜雪兒·埃克曼表姊、哈莉特·哈特森、葛瑞格與凱西·伯默、凱瑞·比提、美心與賈瑞特·摩爾、珊迪·米爾頓、甘蒂絲·密立坎、松尼·維爾，與史蒂夫·狄納。

本書使用的幾張照片是由我爸爸約翰·貝茲與我從前的研究生蘿拉·斯佩格（Laura Sprague）所提供。

本書的寫作過程像一場馬拉松，若不是南達科他州立大學（South Dakota State University）消費者科學系（Department of Consumer Sciences）與教育與人類科學院（College of Education and Human Sciences）的各位同仁支持與鼓勵我，我也不會有「跑過終點線」的今天。

除了另外註記之外，所有圖片都由作者提供。第五三、九〇、二一五與二六〇頁的圖片由約翰·R·貝茲提供；第一七四與一九〇頁的圖片由蘿拉·斯佩格提供。

愈少人認識我們愈好
一個關於背叛、家庭祕辛與身分盜竊的未解之謎

愈少人認識我們愈好：一個關於背叛、
家庭祕辛與身分盜竊的未解之謎／
艾克絲頓·貝茲－漢彌爾頓著；朱崇旻譯.
－初版.－臺北市：麥田出版：
家庭傳媒城邦分公司發行，民110.08
面；　公分.－(不歸類；197)
譯自：The Less People Know About Us:
A Mystery of Betrayal, Family Secrets, and
Stolen Identity
ISBN 978-626-310-049-7 (平裝)
1. 犯罪心理學 2. 欺騙
548.52　　110010006

封面設計　莊謹銘
初版一刷　2021年 8月3日
初版二刷　2021年11月

定　價　新台幣399元
ISBN　978-626-310-049-7
Printed in Taiwan

作　者　艾克絲頓·貝茲－漢彌爾頓
（Axton Betz-Hamilton）
譯　者　朱崇旻
責任編輯　賴逸娟
國際版權　吳玲緯
行　銷　何維民　吳宇軒　陳欣岑　林欣平
業　務　李再星　陳紫晴　陳美燕　葉晉源
副總編輯　何維民
編輯總監　劉麗真
總經理　陳逸瑛
發行人　凃玉雲

出　版
麥田出版
台北市中山區104民生東路二段141號5樓
電話：(02) 2-2500-7696　傳真：(02) 2500-1966

發　行
英屬蓋曼群島商家庭傳媒股份有限公司城邦分公司
地址：10483台北市民生東路二段141號11樓
網址：http://www.cite.com.tw
客服專線：(02)2500-7718; 2500-7719
24小時傳真專線：(02)2500-1990; 2500-1991
服務時間：週一至週五09:30-12:00; 13:30-17:00
劃撥帳號：19863813　戶名：書虫股份有限公司
讀者服務信箱：service@readingclub.com.tw
麥田網址：https://www.facebook.com/RyeField.Cite

香港發行所
城邦（香港）出版集團有限公司
地址：香港灣仔駱克道193號東超商業中心1樓
電話：+852-2508-6231　傳真：+852-2578-9337
電郵：hkcite@biznetvigator.com

馬新發行所
城邦（馬新）出版集團【Cite(M) Sdn. Bhd. (458372U)】
地址：41, Jalan Radin Anum, Bandar Baru Sri Petaling,
57000 Kuala Lumpur, Malaysia.
電話：+603-9057-8822　傳真：+603-9057-6622
電郵：cite@cite.com.my